LA MÉDÉE
D'EURIPIDE

OUVRAGES DE MARIE CARDINAL

Aux Éditions Julliard :

ÉCOUTEZ LA MER, 1962.
LA MULE DE CORBILLARD, 1964.
LA SOURICIÈRE, 1966.
CET ÉTÉ-LÀ, 1967.

Aux Éditions Grasset :

LA CLEF SUR LA PORTE, 1972.
LES MOTS POUR LE DIRE, 1975.
AUTREMENT DIT, 1977.
UNE VIE POUR DEUX, 1979.
AU PAYS DE MES RACINES, suivi de AU PAYS DE MOUSSIA, 1980.
LE PASSÉ EMPIÉTÉ, 1983.

LA MÉDÉE D'EURIPIDE

théâtre

Avant-propos et texte français
de
MARIE CARDINAL

BERNARD GRASSET
PARIS

Tous droits de traduction, de reproduction et d'adaptation
réservés pour tous pays.

© 1986, VLB Éditeur et Marie Cardinal
© *1987, Éditions Grasset & Fasquelle.*

À Jean-Pierre.

Avant-propos

La Médée, la Cardinal !
Ces deux-là !
Au début, j'ai cru qu'il s'agissait d'une histoire entre elles, entre femmes. La Médée offrant à la Cardinal un tissu de mots créé pour elle par Euripide, il y a plus de deux mille ans. La Cardinal, drapée dans ce respectable vêtement, laisserait alors aller sa violence jusqu'au bout... Histoires d'amantes, d'épouses, de mères, de filles... La Cardinal, par la voix de Médée, se délivrerait de hurlements et de meurtres impossibles. Aujourd'hui, on ne tue plus de la même façon, on ne hurle plus pareil, de nos jours la foudre se fait prendre par les paratonnerres, et les passions sont des maladies.

Enfin, c'est ce que j'ai cru. C'est comme ça que j'interprétais l'excitation paranoïaque dans laquelle j'ai vécu l'hiver 85-86. C'est comme ça que j'expliquais la voracité avec laquelle celle qui, en moi, écrit des hurlements et des rêves, s'était jetée sur le texte d'Euripide. Je m'identifiais à sa Médée, je m'imaginais être cette femme dans sa tragédie de femme, j'étais le personnage principal d'un drame écrit par un Méditerranéen. La Cardinal allait savoir évoluer là-dedans avec la syntaxe et la mémoire de son sol, parce que cette syntaxe et cette mémoire sont en elle, depuis sa conception...

... Un jour, à l'époque où les continents se formaient, la terre s'est exprimée. Elle faisait entendre des grondements terribles et elle tremblait. Le tourment qu'elle subissait était si fort qu'elle s'est cassée : une grande blessure s'est ouverte dans son écorce rouge. L'eau des océans s'est engouffrée dans cette plaie, pour la soigner. En se cicatrisant, les deux bords de la déchirure se sont éloignés l'un de l'autre, comme les lèvres d'un sourire, formant les rivages de ce qui est devenu la mer Méditerranée. Les plantes, qui ne se trompent pas, ont reconnu l'identité de ces deux rives. C'est pour cela que partout autour de cette bouche poussent les pins maritimes, les figuiers, les oliviers, les arbousiers, les palmiers, les lentisques et la vigne... partout... et les géraniums, et les volubilis, et le thym... Et les voix qui sont nées là clament des vies identiques.

Dans le sec et l'humide de cette terre réside un pouvoir qui se cache, une électricité, un tonnerre, un métal chauffé à blanc qui brûle les gens, les excite. Ils ont dans le ventre un sang qui fait cascader la vie, dans le sexe le goût des siestes moites, dans le cœur le désir de l'amour et, dans la tête, de la sauvagerie... Ils sont sauvages, c'est-à-dire difficiles à domestiquer, proches des commencements...

Pour en revenir à *Médée* et, en général, au théâtre hellénique, quand j'étudiais ces textes, à l'université d'Alger, il me semblait que j'étudiais les annales de ma famille. Je reconnaissais les personnages, certains vivaient chez moi, dans ma maison, d'autres avaient vécu avant, dans cette même maison ou ailleurs, dans des contrées dont je connaissais chaque arpent.

L'histoire des miens se transmettait de génération en génération : histoires d'amours, de drames, de violences. Ma mère m'appelait souvent par mon nom de famille « Cardinal », le nom de mon père, le nom de son mari qu'elle haïssait ; chaque fois qu'elle m'appelait comme ça, c'était un crachat qu'elle lui lançait en pleine face...

Pour un oui ou pour un non, chez nous, il était question de saints et de sang. Il y avait des saints pour chaque personne et pour chaque occasion. Certains d'entre eux n'étaient pas dans le calendrier et sentaient un peu le soufre... Quant au sang, il se devait de véhiculer un équipement moral et physiologique très précis, bien qu'indéfinissable... Par exemple, le sang Cardinal n'était pas bon. A ma mère incombait la faute d'avoir opéré ce mélange et à moi d'en porter la tare... C'était normal. Ça se passait de la même façon chez tous les gens que je connaissais. Chaque mariage entremêlait les affaires les plus intimes des familles. Des clans se formaient où s'entretenaient des haines et des traditions. Et puis, à intervalles plus ou moins réguliers, venaient au monde des Juliette et des Roméo, des Hélène et des Pâris, des Fatima et des Ali, des Carmen et des Don José... qui brouillaient les cartes, ajoutant, à la confusion des passions anciennes, des morts et des naissances déroutantes...

Nous n'avons pas de pudeur, peut-être à cause de la chaleur, peut-être à cause de la mer, du bain, peut-être à cause de la légèreté des vêtements... je ne sais pas... Nous nous exprimons beaucoup avec nos corps, nos gestes, nos gorges. Mais nous avons de la décence, nous n'exhibons pas nos sentiments les plus privés, nos amours les plus vraies. Nous sommes, à la fois, capables de provocation et de modestie. Cette ambiguïté favorise en nous la formation d'abcès profonds, cachés, qui parfois éclatent, éclaboussant tout de pus, tout : les enfants, les parents, les murs, la terre, le ciel, les dieux eux-mêmes !

Je m'étais lancée à la conquête de Médée avec un esprit de justice tout à fait partial, comme le font souvent les conquérants. Je ne pensais qu'à Médée, je ne voulais plus qu'elle s'exprime comme une douairière tourangelle ou comme une érudite de la cour parisienne, je voulais qu'elle parle comme une femme de mes parages.

J'allais enfin régler mes comptes avec les traductions et les adaptations françaises des grands poètes grecs qui rendent leurs textes ennuyeux. Ennuyeux, comme, dans mon enfance, je trouvais ennuyeux les Français. Les Français, ces personnes qui parlaient bien, qui agissaient bien, qui pensaient bien, qui faisaient tout bien. Quel ennui les voyages annuels là-bas ! Ces examens, chaque été, devant la famille exemplaire. Ces cousins, cette parenté lointaine, à laquelle je ne me sentais liée par rien. Quel temps perdu dans les pastels et les pénombres historiques de la nature française, pendant que, chez moi, les cigales fracassaient le silence et que le soleil écrasait les couleurs avec une obstination que je comprenais, que j'aimais, qui me manquait !

Tête de mule, tête de cochon, tête de bourrique !

« Si tu ne te tiens pas bien chez la tante Berthe, je te briserai les reins en sortant, ma fille !... » Si elle avait dit : « Je te casserai les reins », ça m'aurait impressionnée, ça m'aurait fait peur. Mais « briser »... elle avait employé ce mot parce que nous étions en France... ce n'était pas sérieux... briser, ça ne fait pas mal.

De même, je n'en aurais pas mené large si elle avait dit : « Je t'éreinterai. » Parce que, le soir, en rentrant, elle prenait sa tête de diva, de prima donna, sa tête de mater dolorosa, elle se laissait aller lourdement sur son lit, les yeux fermés, serrés, et elle murmurait : « Je suis éreintée. » Elle était au fond de la fatigue. Éreintée par la charité qu'elle n'avait cessé de prodiguer depuis la messe de six heures du matin jusqu'à l'instant crépusculaire où elle revenait à la maison : une sainte, une héroïne... Elle s'enfermait dans sa chambre jusqu'au lendemain, elle n'en pouvait plus. La famille disait que sa générosité l'épuisait. Moi, je savais que ce qui la rongeait, c'était l'horreur que mon père lui inspirait. Des fois, je l'entendais sangloter et gémir des « Αἰαῖ αἰαῖ », des sons graves qui avaient la musicalité de la souffrance, ou peut-être — et c'était troublant — celle de râles amoureux, j'entendais des « aïeaïeaïe »... des « aah », des « ah », pas des « hélas, hélas ! »...

Oui, d'abord, j'ai voulu entrer dans le texte d'Euripide afin d'entendre dans la bouche de Médée d'autres mots que ceux des distingués hellénistes, ces modernes scoliastes.

Nécessité de laisser parler la Méditerranée dont je sais — pour y être née et pour avoir vécu et séjourné dans tous les pays qui la bordent — qu'on y est noble et vile avec d'autres mots, avec une syntaxe différente.

La différence des langages justement ! Depuis le temps que je l'affronte, que je me confronte avec elle, moi qui passe mon existence avec les mots !
La différence, parce que j'ai été éduquée et instruite dans la langue de la France, parce que je vis au Québec depuis vingt-six ans, et parce que je suis née en Algérie, d'une famille qui s'engendrait là depuis six générations. Une seule langue mais trois manières de la parler, de l'écrire et de la penser. Trois subjectivités... Différence des goûts, des désirs, des rythmes... pulsions liées à la géographie, au climat, à l'environnement, qui colorent les mots d'un même langage d'accents et de nuances étranges.

Quand j'étais une petite fille, cette différence était quotidiennement soulignée par les livres de classe, le drapeau tricolore, la *Marseillaise,* les emblèmes, l'histoire et surtout par la langue de la France « métropolitaine ». Exemple contraignant auquel nous devions nous conformer à l'école et à la maison. Pour entrer dans le moule des mots français, il fallait nous déformer en prenant conscience d'une certaine infériorité et en acceptant cette infériorité ; mais nous pouvons aussi ruser, faire semblant de l'accepter tout en entretenant une duplicité où la personne à duper, le plus respectueusement possible, était la Mère Patrie... dans le fond ce n'était pas si compliqué que ça : nous avions déjà à nous adapter depuis des siècles au Dieu des catholiques ou à celui des juifs dont « le royaume n'est pas de ce monde »... Pour être heureux ici-bas, il fallait donc savoir s'arranger... Question de marchandage, de troc, de spéculation, de négociation entre la conscience et Dieu ou la Patrie. Par exemple : je commets l'adultère (ou je vole mon voisin) mais, en échange, je monterai à Notre-Dame d'Afrique sans chaussures, jusqu'à ce que mes pieds saignent. Ou bien : je préfère le couscous au pot-au-feu et je me fous de l'Alsace-Lorraine, mais s'il faut se faire tuer pour sauver la France, je me ferai tuer... Commerce qui ne portait pas que sur la matière, mais aussi sur l'esprit.

La Méditerranée est surpeuplée et active et bavarde. Les cultures s'y entrecroisent depuis la nuit des temps. Le sens de la dialectique s'y est développé considérablement, jonglant avec les raisonnements, les paradoxes, les spéculations plus ou moins captieuses. Une certaine forme d'intelligence s'est formée à ce jeu et elle s'exprime d'une façon particulière.

Il m'arrive souvent de penser au comportement des pieds-noirs, en France, depuis qu'ils sont rapatriés. Le million que nous étions s'est intégré sans faire beaucoup d'histoires. Mais je crois qu'en s'intégrant il a introduit dans le corps du pays une semence subversive.

Nous voilà arrivant, bêtes noires, derrière les cercueils des enfants de France sacrifiés sur nos autels (...), nous-mêmes chargés de nos cercueils, de nos couffins, et de nos valises en carton. La Patrie ne nous a pas reconnus. Et pour cause : depuis le temps, le fond avait changé, transformé par le mélange des sangs, la chaleur, la nourriture, la terre, les musiques, et surtout par la fréquentation quotidienne, depuis cent trente ans, de l'islam. La forme elle-même était difficilement reconnaissable, les paroles n'avaient plus le même sens, elles s'exprimaient avec un accent « vulgaire », souvent soulignées par les gestes grossiers des hommes et les balancements postérieurs des femmes. Il y a eu comme une provocation qui a débarqué avec nous, par bateaux entiers, par avions-cargos... Nous ne fûmes pas bien accueillis : nous étions soi-disant responsables de ce conflit pour lequel les petits gars de France avaient donné leurs vies. Or, s'il était vrai que les pieds-noirs n'avaient rien fait pour améliorer la politique algérienne de la France, ce n'était pas eux qui l'avaient menée... Il était trop tard pour y penser ! Le mal était fait !

L'amputation de la terre, le terrible deuil des racines, se vécurent dans le silence, la culpabilité et le travail. Des terres françaises, jusque-là stériles, se couvrirent de tomates et de poivrons. Des commerces poussiéreux se colorèrent de la faconde, du culot et de la roublardise qui sont le propre du négoce méditerranéen. La politique française s'enfla d'outrances à droite et à gauche. Les enfants pieds-noirs entrèrent dans les petites et les grandes écoles.

Il y en a partout !

Mais, où qu'ils soient, chacun et chacune a gardé dans sa tête — et transmis à ses enfants — le goût du couscous, le parfum du jasmin, les plages bouillantes et grouillantes des étés qui n'en finissent pas, le sexe arrogant, l'esprit rapide, et le souvenir d'un musulman qui déroule son tapis de prière, au coucher du soleil — qu'il soit dans la multitude ou dans la solitude — et qui se prosterne, face à l'Orient, dans un recueillement absolu...

La différence...

Je commençais à peine à entrer dans le texte que, dès les premières lignes du premier monologue de Médée, je tombais sur sa différence, sur son étrangeté : « Je pense que les étrangers doivent respecter les lois et les coutumes du pays qui les accueille. Or, moi, je suis une étrangère ici... »

La tragédie de Médée, pour moi, c'était la tragédie de la jalousie, l'histoire d'une femme jalouse jusqu'à la folie, jusqu'au meurtre de ses enfants. On me l'avait toujours présentée comme ça. C'est comme ça que, dans le temps, je l'avais étudiée. Et je découvrais en fouillant les mots, que *Médée* c'est d'abord la tragédie d'une étrangère, de quelqu'un qui n'est pas pareil. En écrivant *Médée,* Euripide a écrit le drame d'une femme qui, acculée à la solitude par sa différence, est poussée à commettre le pire.

Médée est née en Colchide, au bord de la mer Noire, au pied du Caucase. Pour les Grecs, elle est une sauvage, une barbare. Elle ne peut pas épouser un Grec, la loi grecque n'admet pas le mariage avec des étrangers. Jason n'est son mari que devant les dieux. Légalement, en Grèce, il n'est marié avec personne. Même si Médée lui a donné des enfants, même s'il lui doit la toison d'or, même si, pour lui offrir ce trophée fabuleux, elle a tué son propre frère, risqué cent fois sa vie, a dû fuir sa famille, son pays, pour toujours, cela n'a aucune importance, Jason est libre. Il peut épouser la fille de Créon. Et il l'épouse ! Médée n'a plus rien, absolument plus rien, elle ne sait plus où aller. Elle se plaint : « Ah, ma terre, comme tu me manques !... » Mais elle ne peut plus y retourner sur sa terre...

On dit que les amputés souffrent du membre qu'ils n'ont plus. Moi, j'ai continué à souffrir de l'Algérie, dans tout mon corps et surtout dans ma tête, pendant longtemps. C'est cette souffrance qui m'a fait écrire mon premier roman. Que la profondeur de cette blessure, et la douleur atroce qu'elle provoque, fasse perdre l'esprit, qu'on en devienne folle, ne me paraît pas invraisemblable...

Oui, au départ, c'est la Méditerranée qui a motivé ma passion pour *Médée*. Mais, en fait, enfouis dans le travail que j'allais entreprendre, se trouvaient tous les sujets que je traque et poursuis depuis une trentaine d'années.

L'inconscient sait ce qu'il fait, il ouvre ses portes au bon moment. Le mien a attendu le gros de l'hiver à Montréal. Il a attendu que je sois parfaitement au repos dans la tiédeur et la paix de ma maison. Dans la cheminée, les flambées de bouleau et de hêtre, dehors les tempêtes de neige... L'oranger était en fleur. Le grenadier portait cinq grenades qui rougissaient chaque jour un peu plus. L'hibiscus exhibait tous les matins une nouvelle corolle nacrée. Les camélias préparaient leur pulpeuse floraison. J'étais bien. J'étais prête. Les trois coups pouvaient cogner. Le rideau pouvait se lever.

Médée la Barbare !
Médée, Médée, Médée... Je pensais tellement à elle que j'en avais oublié Euripide !

...

Il ne m'a pas fallu longtemps, même pas une semaine, pour me trouver face à face avec lui. La construction parfaite de son œuvre, l'équilibre admirable du texte, le rythme des séquences, le choix des mots, la façon dont ils sont repris dans les répliques, tout cela indiquait une telle maîtrise de l'écriture, une volonté si nette d'écrire exactement ce qui est écrit, que la personnalité d'Euripide ne pouvait pas ne pas s'imposer à moi. Il était là tout le temps !

Je voulais comprendre Médée, devenir cette femme et lui prêter mes mots pour qu'elle puisse s'exprimer aujourd'hui. Je voulais faire ce qu'Euripide avait fait, quoi ! Soudain, j'ai pris conscience que mon désir avait évolué : si, au commencement, c'était Médée qui m'attirait, maintenant c'était la Médée d'Euripide, précisément, que je voulais entendre parler.

Cet homme m'obsédait au point qu'il m'est devenu indispensable de rafraîchir mes souvenirs, d'en apprendre plus sur lui, de le connaître, de le rencontrer.

Dans un livre d'images, la photo d'un buste.

Au Louvre, une statue qui le représente assis ; ses bras sont coupés. Il a de la barbe. Il n'est pas grand. Son adolescence athlétique lui a laissé un corps de lutteur. Son visage est beau, très beau. Austère. Ses paupières sont baissées, il est en dedans de lui... Il pense ? Il lit ?

Euripide naît en 480 avant Jésus-Christ, à Salamine, le jour même où, au large de ce port, les Grecs remportaient une formidable bataille navale contre les Perses. Ou peut-être est-il né en — 485... On ne sait pas exactement. Il naît là par hasard car sa famille est d'Athènes et c'est à Athènes qu'il passera la plus grande partie de sa vie.

Athènes, au début du Ve siècle avant Jésus-Christ !

A cette époque, Athènes est, pour les artistes, ce que fut l'Italie à la Renaissance ou Paris au tournant du XXe siècle, ce que, pour les philosophes, fut l'Allemagne au XIXe siècle, ce que, pour les scientifiques, fut l'Europe dans la même période, ce que, politiquement, fut l'Occident au temps de Louis XIV, ce que, colonialement, fut l'Angleterre, ce que, économiquement, sont les États-Unis aujourd'hui... Une puissance colossale. Le nombril du monde !

Le territoire d'Athènes, l'Attique, compte quatre cent mille habitants. Parmi eux, deux cent mille sont des esclaves et soixante-dix mille sont des « métèques » (des étrangers). Ni eux ni les femmes ne possèdent aucun droit civique... C'est la force qui tient cette superbe « démocratie ». Une force intelligente, séduisante, cultivée, généreuse, mais une force dangereuse aussi qui châtie, tue, et soumet ceux qui la contestent ou, simplement, la gênent. Une force impérialiste... On sait ce qu'il en est de ces forces : les êtres humains ne les supportent pas longtemps. Elles sont éblouissantes et puis elles ternissent. En -431, l'année où Médée est jouée pour la première fois, la guerre du Péloponnèse éclate, en -430 c'est la peste, Périclès meurt en -429...

Le déclin d'Athènes s'effectuera en même temps que s'écoulera la vie d'Euripide.

Mais quand il fuit Athènes vers la fin de son existence, ce n'est pas parce qu'il en pressent la chute, c'est parce qu'il n'y est pas aimé... Cet homme réservé, solitaire, et peu bavard, a besoin qu'on l'applaudisse. Or, sur les quatre-vingt-douze pièces qu'il a écrites (il ne nous en reste que dix-huit), cinq seulement seront couronnées.

Les années passent, les demi-succès et les sarcasmes des comiques l'accablent, il supporte mal l'ingratitude et l'incompréhension de ses concitoyens. En -411, Aristophane fait jouer *les Thesmophories* (jugement imaginaire et grotesque d'Euripide par les femmes). Il n'en peut plus. En —408, il part vers le Nord, jusqu'à Pella, en Macédoine, où le seigneur Archélaos le vénère, admire son œuvre par-dessus tout. Il mourra peu après, dévoré par des chiens (!), en —407, ou en —406. Athènes capitulera devant Sparte en —404 !

Athènes ! Euripide en connaît chaque ruelle, chaque place, chaque maison, chaque temple. Avec d'autres étudiants, il suit Socrate. Pour l'écouter parler, il s'assied, en retrait, à l'ombre des pins maritimes de l'Acropole. Il regarde Phidias qui sculpte les frises du Parthénon. Il est l'étudiant silencieux d'Anaxagore et de Protagoras... Il est curieux, il écoute, il apprend, il regarde, il lit. Il est seul. Il est différent.

Euripide est discret, il vit dans ses manuscrits, il passe de longues heures dans une grotte, au bord de la Méditerranée, à regarder les vagues et les bateaux. Il possède une importante bibliothèque. Il peint. C'est un intellectuel. Mais il pratique aussi le pancrace et le pugilat, parce qu'un oracle a prédit à son père que son fils gagnerait des prix aux jeux !

Plus tard, quand il se met à écrire, ce qu'il écrit est différent. Lui, les gens l'intéressent. L'impact des faits sur les gens le captive plus que les faits eux-mêmes. Il s'attarde sur les blessures provoquées par le pouvoir, il est fasciné par les violents soubresauts des caractères. Pour lui, la passion et le hasard interviennent autant dans la vie des gens que les dieux ! En soutenant ce point de vue, il se démarque d'Eschyle et de Sophocle.

Dans *les Grenouilles* représentées en —405, un an à peine après la mort d'Euripide, Aristophane imagine une scène où Dionysos descend au royaume des morts dans le but de ramener un grand poète à Athènes. D'après lui, tout se dégrade dans la ville et plus un seul auteur n'est capable d'animer le peuple. Une fois parvenu à destination, il fait comparaître Eschyle et Euripide devant lui et demande à chacun de démontrer pourquoi il est meilleur que l'autre. Mais avant que le duel s'engage, il leur demande de se recueillir :

DIONYSOS
Priez un peu avant de réciter vos vers.

ESCHYLE
Déméter, nourricière de mon esprit, rends-moi digne de tes mystères !

DIONYSOS
Euripide, prends, toi aussi, de l'encens, et fais-le brûler.

EURIPIDE
Merci. Ce sont d'autres dieux que j'invoque.

DIONYSOS
Tu as des dieux à toi, une nouvelle monnaie ?

EURIPIDE
Exactement.

DIONYSOS
Invoque tes dieux particuliers.

EURIPIDE
Éther, ma subsistance, pivot de la langue, et toi, Compréhension ! Vous, Narines subtiles, aidez-moi à réfuter selon les règles les raisonnements auxquels je m'attaquerai.
...

Euripide est subversif.
Pourtant, il respecte les lois de l'écriture dramatique et il choisit des sujets qui sont traditionnellement ceux des dramaturges, mais ce qu'il exprime est nouveau. Il ne pense pas comme les autres.

Euripide est le plus jeune des trois grands poètes tragiques, Eschyle est de quarante-cinq ans son aîné et Sophocle a une dizaine d'années de plus que lui. Il est le plus jeune et il est le plus moderne... Ce qu'il écrit et sa manière d'écrire dérangent. Son attitude ombrageuse n'attire pas les sympathies et Aristophane le prend comme tête de Turc. Les Athéniens se tordent de rire en regardant les pièces de ce comique génial qui leur montre comment la mère d'Euripide vend des légumes, comment son père tient un cabaret, et comment sa deuxième épouse le fait cocu. Et si ce n'était que cela, ça pourrait encore passer. Mais Aristophane le met dans le même panier que les sophistes et c'est la pensée et l'œuvre tout entière d'Euripide qui sont tournées en ridicule.

Le public athénien a ses idoles, au Ve siècle, elles ont nom Eschyle et Sophocle. Il accepte qu'on les imite, il ne supporte pas qu'on s'éloigne d'eux. Il applaudit avec condescendance les plagiaires et siffle les autres. Il n'applaudit pas souvent Euripide... Je suppose que les Athéniens ne sont pas à leur aise en regardant les personnages d'Euripide se débattre avec leurs propres sentiments et les méandres de leurs désirs. Les citoyens d'Athènes préfèrent que les destins soient entre les mains des dieux, comme on le leur a toujours montré. Peut-être n'ont-ils pas envie de prendre en charge leurs existences, peut-être ne veulent-ils pas savoir que leur superbe ville n'est plus tout à fait ce qu'elle était, peut-être ne veulent-ils pas voir que, sournoisement, « ça » se dégrade. Le public connaît son théâtre, il ne veut pas en voir d'autre. Quand il va au spectacle, c'est pour le retrouver, pour se distraire et se rassurer, il ne veut pas être dérangé... On dit que Sophocle, en apprenant la mort d'Euripide, s'est habillé de noir et que, ce jour-là, il a fait jouer sans couronnes le chœur et les acteurs. Lui-même allait mourir dans l'année et il n'avait rien fait auparavant pour reconnaître publiquement le talent de son cadet...

Euripide est un homme respectueux mais libre, ouvert mais entêté. Il veut, à l'intérieur de la forme classique, dire des choses qui ne sont pas classiques. Toute sa vie, il s'obstine à faire ça. Pourtant, il sait comment, à chacune de ses œuvres, les comiques vont déchaîner le rire contre lui. Il en souffre mais il recommence. Jamais il ne trahira l'indépendance de sa pensée, il est d'une parfaite intégrité intellectuelle. Jamais il ne cherchera une forme nouvelle pour servir la réflexion personnelle qu'il porte sur les événements et les personnes. Il veut triompher sur le terrain même où ses formidables aînés ont triomphé avant lui. Il veut que les Athéniens l'aiment comme ils aiment Eschyle et Sophocle.

Entêté, Euripide, comme le bruit des vagues, comme les stridulations des cigales. Et entêtant comme le parfum du jasmin, comme le soleil ! Comme cette fameuse métrique classique, ce martèlement codifié des syllabes brèves et courtes de sa langue, qu'il veut respecter !

Impossible d'échapper à cette volonté. Il suffit de regarder un texte d'Euripide pour s'en convaincre, seulement le regarder, sans même le lire, sans le comprendre, seulement regarder sa forme. La volonté d'être ce que l'on appelle « classique » est là. Et ça, c'est intraduisible ! Saussure écrit : « La chaîne acoustique ne se divise pas en temps égaux, mais en temps homogènes, caractérisés par l'unité d'impression... A cet égard, l'alphabet grec primitif mérite notre admiration. Chaque son simple y est représenté par un seul signe graphique, et réciproquement chaque signe correspond à un son simple, toujours le même. C'est une découverte de génie... »

Ainsi, ne serait-ce que calligraphiquement, l'écriture des grands poètes grecs renfermait une musicalité. Notre langue ne nous offre aucun outil comparable.

Le grec ancien n'est pas le français. L'alphabet n'est pas le même. Les rythmes des mots ne se ressemblent pas. Sans compter que nous ne savons même pas comment se prononçait le grec ancien ! Sans compter que la scansion de la métrique classique jouait avec les sonorités des syllabes ! Sans compter que la langue française se prête mal aux cadences accentuées, voire syncopées ! Sans compter surtout que les mots ne sont pas que des bruits ! Saussure écrit aussi : « La langue est comparable à une feuille de papier : la pensée est le recto et le son le verso ; on ne peut découper le recto sans découper en même temps le verso ; de même dans la langue on ne saurait isoler ni le son de la pensée, ni la pensée du son ; on n'y arriverait que par une abstraction dont le résultat serait de faire de la psychologie pure ou de la phonologie pure. »

Littéralement intraduisibles les grandes tragédies ! Il ne s'agit pas de vers, il ne s'agit d'aucune écriture poétique ou dramatique dans laquelle le français s'est exprimé, il s'agit de la métrique hellénique classique ! Inutile d'appeler à l'aide des versificateurs chevronnés, inutile de copier Corneille ou Racine, ou Rimbaud, ou Mallarmé... le résultat, quel qu'il soit, sera une trahison. Peut-être qu'un opéra moderne y parviendrait, où se mêleraient des récitatifs, des chants cadencés, de la parole, des phrases musicales... Un opéra, pas une pièce de théâtre...

Je regardais le texte de *Médée*, il se dressait devant moi et me disait : « N'y touche pas ! » Les jugements sévères que depuis longtemps je porte sur les impérialistes et les colonisateurs, je les portais maintenant sur moi.

Quelques jours ont passé comme ça. Je voyais la galaxie *Médée* s'éloigner, superbe, grandiose, animée par le rythme rapide et pourtant majestueux qu'Euripide lui avait donné. Elle se perdait de nouveau, elle allait continuer son immense voyage au plus profond de la culture, loin des gens, loin du public.

Loin du public ! Quelle trahison ! Lui qui voulait tant rencontrer le public !

Épidaure, ouvert, écarquillé au creux de sa vallée comme une coquille Saint-Jacques dans la paume d'un dieu ! Et là, des spectateurs par milliers, par dizaines de milliers, pour célébrer des fêtes théâtrales. Pas des érudits, pas des spécialistes, pas des privilégiés, non, des hommes et des femmes ordinaires, des jeunes, des vieux, des soldats en permission, des mères de famille... tout le monde.

Athènes, le même éventail minéral, grand ouvert à une multitude avide de distractions et d'aventures, emplissant les gradins, pleurant, riant, applaudissant ou huant la *Médée* d'Euripide, drame joué à l'occasion des grandes dyonisies de la 87e Olympiade, en l'an 431 avant Jésus-Christ...

Vision de rêve : des milliers et des milliers de spectateurs avec leur coke, leurs chips et leur maïs soufflé, venant voir la *Médée* d'Euripide, au Théâtre du Nouveau Monde, à Montréal, en 1986 après Jésus-Christ...

— Impossible !
— Pourquoi ?
— ...!!!??

Pourquoi ce théâtre écrit pour être compris par tout le monde est-il réservé à une élite ? Pourquoi ce qui était populaire ne l'est-il plus ?

Il me semble qu'il y a deux raisons principales pour expliquer cette désertion du public.

D'abord, les traductions françaises que nous possédons — faites surtout par des hellénistes — se sont attachées à la forme plutôt qu'à l'esprit. Il est vrai que chaque cadence de la métrique apporte au texte une signification supplémentaire (de même qu'en musique, un largo amène l'idée de la lenteur, un scherzo celle de la vivacité, etc.). Le public grec du premier millénaire avant Jésus-Christ connaissait ces « mesures ». Il en comprenait toutes les nuances, il lui suffisait d'entendre quelques mots pour savoir où en était le drame. Exactement comme aujourd'hui il nous suffit d'entendre quelques notes d'un air pour savoir s'il s'agit d'un tango, d'une valse ou d'un rock n'roll... Mais les grandes tragédies helléniques, bien qu'elles aient été accompagnées de musiciens et de danseurs, n'étaient ni des opéras ni des concerts, elles étaient du théâtre, et nous n'avons aucun moyen aujourd'hui de traduire cette dramaturgie. Donc, s'attacher à rendre la métrique en français contemporain est un exercice qui dénote une grande connaissance du grec ancien. Mais il résulte de cette compétence académique un ensemble de textes ampoulés, poético-littéraires, profondément ennuyeux, et auxquels, de surcroît, le public en général ne comprend rien, parce que notre langue y est torturée au point de lui enlever toute vie...

D'autre part, les grands poètes tragiques puisaient leurs sujets dans l'histoire de la Grèce, dans les prouesses de personnages légendaires, et dans les faits et gestes des divinités de l'Olympe. Événements et aventures que les spectateurs connaissaient par cœur (comme nous connaissons l'histoire du Christ). Les fréquentes références à des lieux, des héros, des dieux et des déesses, qui n'évoquent plus rien pour le public contemporain, sont des obstacles considérables. Et si la toison d'or, le cheval de Troie, la belle Hélène, Œdipe, etc., sont parvenus jusqu'à nous, nous ne savons plus les replacer dans leur contexte. Nous avons perdu ces clefs... Et, qui plus est, nous avons de la divinité une conception qui n'a rien d'hellénique !

Aurais-je le droit, chaque fois qu'entrerait dans le texte de *Médée* un nom propre ou une référence historique, d'ajouter un adjectif, un mot, une précision qui éclairerait les spectateurs et les aiderait à ne pas perdre le fil du drame ? Je ne me sentais pas le courage de faire ça. Ce n'était pas tant la pensée d'Euripide qui m'empêchait de le faire (il avait tant désiré qu'on l'entende !) que la sévérité des maîtres de ma jeunesse, morts depuis longtemps probablement, mais dont l'intransigeance sectaire survit dans les universités de ma mémoire.

Ainsi, sans une connaissance approfondie de la mythologie, des histoires de la Grèce, et de la métrique, c'est perdu ! Perdue *Médée,* réservée à une élite cultivée ?

J'ai pensé que je ne toucherais pas à elle, qu'elle continuerait à dormir dans le tombeau de marbre, d'or et de bronze, somptueux, inaccessible, que la culture lui avait élevé. C'était triste. Médée — elle le déclare elle-même — est née pour la gloire, et je suis certaine que ce n'est pas pour cette gloire compassée.

J'ai passé mon enfance sur un grand vignoble. Le territoire était vallonné et les rangées bien ordonnées des pieds de vigne striaient les collines jusqu'à l'horizon. Près de la maison, troublant par sa rondeur l'ordre linéaire du paysage, subsistait une forêt trouée de clairières où poussaient des fleurs que je trouvais très belles. Ma mère était une femme austère et peu démonstrative, mais elle aimait les fleurs. Il m'arrivait souvent de grimper jusqu'à la forêt avec l'idée de faire un bouquet si beau qu'en le voyant elle ne pourrait pas s'empêcher de me prendre dans ses bras et de m'embrasser. Le désir de ses baisers était si intense en moi que j'en transpirais et que le cœur me battait. Une fois arrivée là-haut, une sorte de fébrilité s'emparait de moi : je ne parvenais pas à faire un choix. L'ensemble des fleurs était éblouissant mais, dans le détail, aucune d'elles ne me semblait assez parfaite pour ma mère. Je perdais du temps, la chaleur de ma main faisait se faner déjà celles que j'avais choisies. Je passais de la lassitude à l'exaltation... Jamais je ne parvenais à rassembler un bouquet digne de mon désir.

Je me trouvais dans le même état pendant que je tournais autour de la *Médée* d'Euripide. Je pensais trop à cet homme et à cette femme, comme j'avais trop pensé à ma mère en cueillant mes fleurs. Je ne me laissais pas aller à l'instinct qui me poussait vers eux. Je craignais de les décevoir. J'étais maladroite et empruntée. Quand je trouvais des mots pour satisfaire Médée, je savais qu'ils ne pourraient pas convenir à Euripide. Je ne parvenais pas à mettre au point un équilibre sonore qui correspondrait à l'architecture superbe de sa composition. Et quand j'arrivais à donner à quelques lignes une allure « classique », elles allaient très mal à Médée...

Après tout, pourquoi insister ? Il n'existe qu'une seule *Médée* d'Euripide, celle qu'il a écrite de sa main.

Oui, mais elle est perdue !

Dès 330 avant Jésus-Christ, c'est-à-dire à peine cent ans après que *Médée* eut été jouée pour la première fois, Lycurgue fait voter une loi ordonnant qu'un texte de chaque œuvre des trois grands tragiques

(Eschyle, Sophocle, Euripide) soit déposé à Athènes, aux archives, et que, désormais, les acteurs et les copistes devront se tenir à cette version et à nulle autre. C'est dire dans quel état devaient déjà se trouver les textes...

A partir de là, et jusqu'au XIVe siècle après Jésus-Christ, les scoliastes et les grammairiens triturèrent les mots, jugeant que celui-ci ou cet autre était dû non pas à Euripide mais à une erreur de scribe et que, d'après eux, c'était un autre mot qu'il fallait lire... Depuis, chaque philologue et chaque helléniste, confrontant les différentes interprétations, décident d'une autre interprétation qui, celle-là, sera définitivement la bonne... Certains tenant compte des didascalies (ce qui veut dire tout simplement : indications de mise en scène) notées sur d'anciens manuscrits, alors que les grands tragiques du Ve siècle n'en indiquaient aucune... A toutes ces modifications, tous ces « perfectionnements » et arrangements du supposé texte original, s'ajoutent une multitude de traductions et d'adaptations dans toutes les langues de la terre.

Dans ces conditions, pourquoi pas moi ?

J'avais du mal à lâcher Médée. Je lisais tout ce que je trouvais concernant cette époque, cette œuvre, cette femme... (Car, si Médée est un personnage historique et un objet culturel, pour moi, elle est surtout une femme.)

Une femme ! Encore une différence ! Et cette différence me captive plus que toute autre.

A vrai dire, je continuais à travailler, j'arrivais à la fin de la première scène, je parvenais précisément au long discours où Médée s'adresse aux Corinthiennes et proclame : « Le sort des femmes est le plus misérable de tous les sorts... »

Et là, j'ai su que je n'abandonnerais pas Médée...

Mais, avant de poursuivre, j'ai dû faire un choix : j'ai décidé de ne pas tenir compte de la métrique ! Je me suis arrangée avec Euripide (...) : il voulait toucher les gens, il voulait qu'on l'aime, la Cardinal allait le faire aimer ! Je n'ajouterai ni n'ôterai aucune réplique, je tiendrai compte de la longueur de chacune d'elles, seulement de leur longueur. Je resterai près des mots, le plus près possible, mais je ne les cadencerai pas. Sauf pour le chœur où j'essaierai de trouver une écriture qui lui soit propre, une scansion. Je pensais aux bruits que font les femmes du Maghreb, de Provence, de Sicile ou de Macédoine, quand elles se réunissent pour un enterrement ou un mariage. Des bruits qui balancent.

Euripide et moi nous avons marchandé comme deux Méditerranéens que nous sommes. Je savais combien ma proposition pouvait ressembler à un marché de dupes. Je savais quel puriste était Euripide et comme il était pointilleux au sujet de la métrique. Mais je savais aussi combien, de son vivant, il avait désiré faire passer sa réflexion. La perfection de sa composition classique ne pouvait plus aujourd'hui toucher que quelques spécialistes. S'attacher à la traduire ne pouvait servir qu'à étouffer encore la liberté et le courage de sa réflexion. J'ai fini par le convaincre.

Quelle tempête dans ma tête !

Cette fois-ci, ça y était ! J'avais conclu un marché avec Euripide, un marché passionnant et exigeant. Exigeant, car, une fois libérés de leur beau carcan, je ne devrai jamais céder à la tentation de m'octroyer les mots de ce mort. Passionnant, parce que la métrique, que j'exclurai, apporte au texte un appui, une noblesse, que je devrai faire passer. Je me suis proposé de chercher une écriture qui ne s'articulerait pas sur les sonorités des mots mais sur les rythmes des répliques et des séquences.

C'est avec un immense respect pour Euripide que j'ai conclu ce marché. Mon but était de restituer *Médée* au public. Pas ma *Médée*, la sienne, *la Médée d'Euripide*.

Ce sont les femmes de cette tragédie — Médée, la nourrice et les Corinthiennes — qui m'ont donné cette hardiesse. Car la cause qu'elles plaidaient était la même que celle que nous plaidons encore ! la cause des femmes !
Il y a tant d'années qu'elle me motive !

Nostalgie. Soudain me manquaient les lampes à abat-jour verts de la bibliothèque de l'université d'Alger, quand la nuit tombait avec un peu de fraîcheur, faisant descendre le parfum des glycines depuis les jardins des hauteurs jusqu'au centre de la ville. Aussi, à Paris, la salle de lecture de la Bibliothèque nationale, les soirs où la pluie s'acharnait en vain contre les verrières, là-haut, très loin, ailleurs, dehors. Lentes heures passées dans les livres. Protégée par les volumes en murailles autour de moi, jusqu'au toit, jusqu'au ciel, dans le cocon de la petite lumière, dans le silence habité par le glissement des pages... Dans le phare enchanté où se réfugient les illuminations millénaires des êtres humains...

Je n'étais pas consciente de mes privilèges. Je ne savais pas, à cette époque, que la culture accumulée au cours de toutes ces années d'études allait me pourvoir d'un trésor tel que, plus tard, lorsque je progresserai dans ma vie, qui est une vie de femme, je serai riche à côté de mes voisines, à cause des mots, des livres, des images, de tout un tas de signes naturels ou conventionnels, motivés ou arbitraires, codés ou non codés que j'avais appris à connaître et qui me rendaient la vie plus facile, me donnaient l'impression que je n'étais pas exclue, m'aidaient à comprendre ma condition et la rendaient, donc, moins fatale, plus aisée à combattre.

A la fin des années soixante, je me suis engagée publiquement dans la lutte des femmes. Avec d'autres, j'ai brandi des pancartes devant les ministères, hurlé des slogans dans les rues. Nous avons fait bouger les choses, l'image de la femme est devenue floue, à sa place se sont esquissés des regards et des voix de femmes. Ces regards et ces voix, imprécis mais nouveaux et forts, sont entrés dans la quotidienneté, dans la culture. C'était une victoire. Alors j'ai continué avec les mêmes pancartes et les mêmes slogans et je me suis retrouvée en peu de temps (cinq ou six ans peut-être...) avec des

« peace and love » frustrés, des « baba cool » ignares, des « écolo granolo » intolérants, et des féministes de choc qui se conduisaient comme des machos... J'étais dans une impasse.

Il m'a fallu attendre d'avoir passé la quarantaine pour comprendre que je peux fabriquer de la culture, que la culture génère sans cesse sa forme, comme l'enfance ou l'adolescence ; elle n'est jamais adulte, elle est immortelle... La culture n'est pas à subir, elle est à digérer, à connaître, à comprendre et, surtout, à faire. Il est inévitable qu'elle soit. Elle marche sans arrêt, elle se nourrit de ce qui est nouveau, mêle le nouveau à l'ancien, fournit ainsi un produit qu'on appelle moderne, et continue sa perpétuelle digestion des œuvres des gens (de toutes les œuvres de tous les gens, sans la moindre exception, sans faire de différence entre les œuvres des hommes et les œuvres des femmes), plus on lui en fournit plus elle s'en nourrit, elle est inépuisable...

Chercher, apprendre, essayer de comprendre par quelles perversions, quelles déviations, quels besoins, quelles raisons, la condition des femmes est devenue ce qu'elle est. Dévoiler le manque d'imagination et les machinations de ceux qui prétendent que les œuvres des femmes ne sont pas des œuvres. Comment l'image de celle qu'on appelle la Femme est-elle entrée dans la culture ? Depuis quand ? Pourquoi ? Chasser cette image et la remplacer non par une autre image unique, mais par d'autres images, plein d'autres images.

Il est vrai que l'étude de l'évolution des mœurs au XIXe siècle, en Occident, encourage un tel travail !

Ce qui se préparait lentement, depuis longtemps, dans les désirs de ceux qui dirigent, a pris forme tout à coup. L'évolution s'est accélérée, des types humains sont devenus précis, se sont définis : l'ouvrier et la maman.

La femme moderne occidentale est le fruit de toute une aventure politique mais c'est au XIXe siècle que ce fruit a mûri, est apparu clairement, a pris une saveur et une couleur précises ; le goût de la maman s'est développé au point d'envahir la femme tout entière. Comme si les pouvoirs, effrayés par les pas de géants qu'ils faisaient faire à la science et à la technique, avaient eu besoin de se rassurer en institutionnalisant la matrice, ce havre, ce lieu de chaleur, de sécurité, d'insouciance. Idéalement, la femme devrait n'être qu'un ventre ambulant où le travailleur épuisé viendrait déposer sa semence et se reposer. Pourquoi, dans la nomenclature des avantages et des désavantages qui sont dus à la révolution industrielle, oublie-t-on toujours de citer la maman, ce monstre qui a pris la place de la mère ?

Il n'y avait pas de mamans avant. Avant la révolution industrielle toutes les femmes travaillaient, elles étaient dehors, elles avaient des rôles à jouer. Si les femmes, aujourd'hui, s'exprimaient comme les soubrettes de Molière ou les servantes de Shakespeare, on les traiterait de diablesses...
Les usines en excluant les femmes du travail rémunéré ont créé des harems de pauvresses. C'est l'enfermement qui a fait la maman, ce personnage qui s'estime uniquement par son aptitude au sacrifice. Comportement inhumain qui ne peut qu'engendrer de la névrose : la maman prive les enfants de mère, les hommes de femme et les femmes d'être. Les sacrifices de la maman coûtent très cher à l'humanité occidentale, ils lui coûtent l'équilibre de la famille... Je sais qu'en écrivant ces mots, aujourd'hui, à la fin du XXe siècle (le XIXe siècle aura duré deux cents ans !), je suis scandaleuse ! Pourtant, il y a plus de deux mille ans, Médée disait aux femmes de Corinthe : « Moi, j'aimerais mieux être debout sur mes deux pieds à faire trois guerres, plutôt que d'accoucher une seule fois ! » (ὡς τρίς ἄν παρ' ἀσπίδα στῆναι θέλοιμ' ἄν μᾶλλον τεκεῖν ἅπαξ.) Et les femmes de Corinthe ne trouvaient pas qu'elle était scandaleuse... on ne les

avait pas encore « convaincues » que l'accouchement c'est le « mal joli »...

Les cent cinquante dernières années de l'histoire de l'humanité sont si lourdes, si riches, si étonnantes, si déroutantes qu'elles occultent les milliers d'années qui les précèdent. Nous finissons par croire que ça a toujours été comme ça et nous n'essayons pas de savoir pour quoi et par qui l'histoire a été faite.

Je ne veux pas dire qu'avant c'était mieux. Je veux dire qu'avant c'était différent. Que chaque fois qu'un pouvoir désire et crée une économie nouvelle (et, donc, une politique nouvelle), il engendre aussi des gens différents. Que l'étude de chaque différence devrait nous aider à comprendre où nous en sommes et pourquoi nous en sommes là. Se référer uniquement aux gens du XIXe siècle c'est errer, c'est oublier, c'est refuser de savoir ce que les êtres humains sont capables de faire et d'être.

Médée, les femmes, la culture, l'histoire, l'interprétation de l'histoire.

Je ne me suis pas éloignée de Médée en écrivant une digression sur ma conscience de femme. Médée était dans ma tête, avec les autres femmes de la mythologie, depuis l'époque où j'étais étudiante. Quand on est une étudiante — même une étudiante en lettres — les femmes que les maîtres nous donnent à rencontrer et à apprendre sont si rares qu'elles sont inoubliables. De mon temps, on nous les présentait souvent comme des monstres ou des saintes, des personnes d'exception...

Il a fallu que les circonstances m'enfoncent méchamment la tête dans ma propre vie, qui est une vie de femme, pour que je réagisse : je n'ai pas aimé ce plongeon, je n'ai pas voulu me noyer dans l'écœurante guimauve des mamans.

J'ai commencé une enquête, et je me suis rendu compte qu'il manquait beaucoup de femmes dans la liste officielle de la renommée. C'est que, justement, la majorité d'entre elles n'ont pas de nom, ce sont des anonymes. Par exemple, les femmes qui sont allées chercher le roi à Versailles en 1789. Ce sont « les femmes de Paris » et ça ne se trouve pas dans les dictionnaires... C'est par les dictionnaires qu'on prend le mieux la mesure de la misogynie française. Par exemple, cherchez Marie Curie dans le *Larousse* 1987. Voilà exactement ce que vous trouverez : « CURIE (Pierre), physicien français né à Paris (1859-1906). Il découvrit la piézoélectricité (1880) et énonça le principe de symétrie (1894). Avec sa femme, Marie Sklodowska, née à Varsovie (1867-1934), il découvrit le radium. (Prix Nobel 1903 et 1911. ») Un point, c'est tout... A voir la façon dont le texte est rédigé, on peut croire que Pierre Curie a eu deux fois le prix Nobel, dont une fois à titre posthume (ce qui est impossible) et l'autre fois tout seul, alors que c'est Marie qui a reçu deux fois le prix Nobel, dont une fois, en 1903, avec son mari ! On se dit qu'il faut peut-être chercher à Sklodowska pour en savoir plus sur Marie Curie. Eh bien, à Sklodowska, il n'y a rien !...

Voilà comment l'histoire nous est contée ! Il est rare que l'outrage soit aussi grossier, mais, au moins, celui-là a l'avantage d'être clair et absolument inexcusable !

Il m'a fallu longtemps pour débarrasser les femmes des vêtements dont l'histoire les avait affublées ! Tout ce temps pour prendre conscience que l'adversaire des femmes et, en général, de tous ceux qui sont exploités (car la cause des femmes est la cause des gens, le féminisme était et devrait rester un humanisme) ce n'était pas la culture mais l'histoire à laquelle les pouvoirs nous renvoient sans cesse, et qui est censée être un compte rendu exhaustif et objectif des faits et gestes de l'humanité. L'histoire est notre ennemi, ou, plus exactement, la façon dont l'histoire est interprétée, la manière de la raconter.

Sartre écrit (dans *Situations III*) : « Le concept d'ennemi n'est tout à fait ferme et tout à fait clair que si l'ennemi est séparé de nous par une barrière de feu. » Or, la barrière de feu qui sépare les femmes de l'histoire ne se voit pas, il n'est pas clair qu'elle soit l'ennemi. Pourtant elle est bel et bien l'ennemi des femmes. Mais il s'agit d'un ennemi sournois qui s'est installé peu à peu, parfois avec leur approbation, souvent à leur insu, toujours à cause de l'enfant. L'histoire nous a exclues, elle ne nous donne pas la parole, elle parle à notre place, c'est elle qui raconte nos vies, pas nous. De même, le terrorisme s'est installé aujourd'hui, en Occident, au nom de la liberté des Peuples, sans avoir consulté les peuples... L'histoire, pour ceux qui n'ont pas le pouvoir (pour la majorité des femmes, pour les vieux, pour les enfants, pour les différents, etc.), est terroriste!

Féministe ou pas, il paraît nécessaire de rétablir les faits. Rétablir les faits, cela veut dire ouvrir les faits, tenir compte de tous les élements qui les composent. Rendre aux femmes la place qui est la leur dans l'aventure des êtres humains ne serait pas seulement réparer une injustice, ce serait surtout dénoncer un mensonge raciste qui blesse tout le monde et fausse, maintenant, la progression des gens en Occident, et probablement ailleurs aussi.

Michel Foucault, pour présenter son *Histoire de la sexualité,* explique : « Les études qui suivent... sont des études d'"histoire" par le domaine qu'elles traitent et les références qu'elles prennent; mais ce ne sont pas des travaux d'"historien"... C'était un exercice philosophique : son enjeu était de savoir dans quelle mesure le travail de penser sa propre histoire peut affranchir la pensée de ce qu'elle pense silencieusement et lui permettre de penser autrement. »

Penser autrement ! Rien ne me paraît plus important !

Étant une femme, je ne peux pas ne pas m'enfoncer dans ce genre de réflexion et de recherche, car les historiens en ne parlant pas de nous, ou en parlant à notre place, nous ont exclues de l'histoire, ils nous ont mythifiées. Depuis trois mille ans, les rêves et les symboles de l'imaginaire des historiens a envahi la réalité des femmes si bien qu'aujourd'hui cette réalité se confond avec l'univers fabuleux des historiens. C'est inextricable. Nous sommes des êtres mythiques, au même titre que les déesses, les dieux et les héros de la mythologie. Nous sommes des légendes, des rêves, des rêves d'hommes...

L'histoire situe les femmes dans le monde vague de l'imaginaire de ses chantres, un monde où aucun signe n'implique une réalité stable. Notre réalité fluctue selon les modes et les besoins des autres. Tantôt déesses, tantôt mères, tantôt guerrières, tantôt sorcières, tantôt esclaves, tantôt mamans. Cela dépend des nécessités d'une politique et d'une économie que nous ne choisissons pas. Nous sommes assignées à des normes physiologiques et esthétiques que nous n'avons pas décidées. (La règle des vingt-huit jours est la plus évidente de ces lois arbitraires : rares sont les femmes qui sont menstruées tous les vingt-huit jours, alors nous disons que nous avons de l'avance ou du retard ; par rapport à quoi ?)

L'imaginaire des hommes a créé la Femme, cette inconnue. Il la range soigneusement dans la boîte de « l'éternel féminin », ce carcan. Pour sortir de cette situation absurde, et de plus en plus invivable, il nous faut mettre au monde les femmes.

Ce n'est pas si simple que ça. Depuis des décennies, les femmes écrivent, peignent, chantent, brodent ou cuisinent l'histoire des émotions et des désirs qu'elles vivent. Nous avons cru que toutes ces expressions empliraient les espaces laissés ouverts par les pièces manquantes du puzzle historique. Nous avons cru témoigner de l'histoire vraie des femmes, et pouvoir l'entremêler à l'histoire des hommes, pour la compléter... Nous nous sommes trompées. On ne nous entend pas, ou peu, ou mal. Nos voix sont incongrues : les mythes ne parlent pas, on les parle...

Le monde superbe et cauchemardesque de l'imaginaire est piégé, de là, rien de crédible ne peut sortir. Les sociétés occidentales ont donné la primeur à la Science, elles ont élaboré un langage scientifique et technique — le langage officiel —, le langage de la « vérité », qui élimine la subjectivité ; il se veut sans ambiguïté. Il est évident que, de là où nous sommes, du fond des mythes, nous ne pouvons pas employer ce langage et que, par conséquent, nous ne pouvons pas être entendues par les historiens.

Alors, comment nous y prendre ? Il me semble que nous devrions nous servir de l'avantage que nous avons su tirer de la relégation : nous connaissons les deux mondes, celui de la réalité et celui de l'imaginaire, profitons-en ! Que celles qui se sentent assez fortes (ou assez vieilles...!) pour conserver leur tête de femme sur leurs épaules envahissent le territoire des historiens. Employons leur langage, servons-nous des arguments qui sont les leurs, non pas pour parler à leur place, nous ne voulons pas les mythifier, mais pour leur démontrer, textes en mains, documents en main, combien ils sont misogynes, comment leurs interprétations des faits historiques ne sont pas l'expression d'une réalité, mais celle d'un choix misogyne (dont ils sont souvent inconscients). Servons-nous des femmes de la mythologie pour appuyer nos démonstrations. Pourquoi celles-là ? Parce que les documents qui se rapportent à elles sont relativement peu nombreux et qu'il est simple de voir à travers eux s'implanter le mouvement misogyne qui anime encore la pensée contemporaine. Et aussi parce que nous sommes des mythes nous-mêmes et que nous savons de quelle manière nos existences sont interprétées.

Dans son livre *L'un est l'autre,* Élisabeth Badinter démontre clairement (avec les références et la bibliographie nécessaires à faire réfléchir, sinon douter, ceux qui ont des certitudes) comment et pourquoi s'est effectué le passage des sociétés matrilinéaires de la fin du néolithique, aux sociétés patrilinéaires du deuxième millénaire avant Jésus-Christ. A cette transformation correspond la naissance de l'écriture et la mise au point d'une politique misogyne. Politique nécessaire pour des raisons économico-socio-religieuses qu'il serait trop long d'exposer ici.

Quand Euripide fait jouer ses tragédies, le pouvoir, à Athènes, est en pleine possession de ses moyens. Ce pouvoir est solidement installé dans une méthode de pensée qui le fait progresser à une vitesse vertigineuse. Bien sûr, il ne sait pas que son déclin a commencé. Il est persuadé qu'il a raison et qu'il a trouvé les clés du bonheur (comme au XIXe siècle en Occident). Époque propice aux philosophes, aux penseurs, aux savants et aux artistes. Époque néfaste pour les femmes. Époque où s'enfoncent les racines de notre culture et de nos politiques (*la République* de Platon sert encore, consciemment ou inconsciemment, de modèle à nos gouvernants. Hitler est celui qui s'est le plus approché de l'idée platonicienne du pouvoir...). Euripide est un homme lucide et, surtout, il est différent. Peut-on dire qu'il est conscient de la dégradation relativement récente de la condition des femmes ? Se sert-il de Médée, qui est une femme beaucoup plus ancienne que les Athéniennes de l'an — 431, pour dénoncer ou souligner cette dégradation ? Certains analystes et historiens prétendent qu'il est misogyne. Je ne veux à aucun prix m'aventurer dans cette discussion. Ce que je veux c'est entendre Médée parler français parce que sa voix est poignante et que sa nourrice et les Corinthiennes tiennent des propos si vrais, et encore si actuels, qu'on les croirait « féministes » !

Voilà une dizaine d'années, maintenant, que j'essaie de progresser en racontant des histoires de femmes ; femmes d'aujourd'hui et femmes du commencement. Clytemnestre est l'une des héroïnes de mon dernier roman. Et aujourd'hui, Médée.

Qui est Médée ?

Comme tous les personnages mythologiques, elle se situe au confluent de la culture et de l'histoire.

Au début du premier millénaire avant Jésus-Christ, Hésiode la nomme : elle existait déjà dans la légende. Elle existait avant l'écriture. Elle a vécu à la fin du néolithique. Médée est une femme de l'âge du Bronze, une femme préhistorique et un mythe.

Ce qui est préhistorique n'est pas mythique pour autant. Les vestiges préhistoriques ne sont pas des légendes, ils existent réellement. Grâce au carbone 14 (et à d'autres procédés encore plus perfectionnés) on peut même leur donner un âge, on peut raconter leur histoire, ils ont cette qualité d'être préhistoriques et d'avoir une histoire, d'entrer dans la chronologie, d'appartenir au temps. Ils sont extrêmement précieux. Ils nous donnent des renseignements sur notre origine et notre évolution. Grâce à eux, on sait beaucoup de choses sur les êtres humains préhistoriques, on sait à peu près tout, sauf leurs émotions... Un réseau de vestiges nous autorise à dire que Médée a réellement existé. Elle est devenue un mythe quand la narration de ses exploits a commencé à se répandre de village en village, de siècle en siècle ; elle est ainsi entrée dans la culture orale des peuples de la Grèce et de l'est du Bassin Méditerranéen. Ensuite l'écriture s'en est emparée.

Les êtres humains deviennent des mythes, à leur insu, dès lors que les autres racontent les émotions de ces êtres, et se les approprient, inconsciemment ou consciemment, en y projetant leurs propres fantasmes. Ainsi les mythes correspondent aux desseins de ceux qui les racontent et non pas à la réalité de personnes qui ont porté un nom, des armes, des bijoux, qui ont été enterrés ici ou là...

Si je me suis étendue sur la réalité des vestiges et l'irréalité des mythes, c'est que ces objets, ces restes, sont plus respectés par les historiens que les personnes auxquelles ils ont parfois appartenu et desquelles ils témoignent. Et je ne peux pas m'empêcher de penser que le corps des femmes qui est le vestige et le témoin de la longue course de la matière animée vers la vie humaine, n'est pas respecté. Le corps des femmes est violé, comme s'il n'était pas vrai, comme s'il était un mythe.

Evhémère, un historien qui a vécu entre le IVe et le IIIe siècle avant Jésus-Christ a tenté de donner une interprétation rationnelle de la mythologie. Pour lui, d'après ses recherches, les dieux étaient en réalité des humains puissants que, par admiration ou crainte, leurs contemporains ont divinisés. Mais son œuvre, *Histoire sacrée,* est perdue, perdue aussi l'adaptation poétique que le Latin Ennius en avait faite... Perdue aussi la majeure partie de l'œuvre plus tardive (Ier siècle avant Jésus-Christ) de Diodore, qui a écrit de Médée qu'elle était rebelle à la politique tyrannique de son père, et, en général à toutes les formes d'oppression, qu'elle était généreuse et qu'elle employait ses grandes connaissances à soigner les autres... Il ne nous reste que des échos de ces textes, cités dans d'autres œuvres.

Nos connaissances et nos certitudes sont fondées sur ce qui a échappé aux incendies (la catastrophe de la bibliothèque d'Alexandrie !), aux catastrophes naturelles, aux naufrages, aux déménagements, aux usures et à la négligence. Nos certitudes historiques se nourrissent de restes...

Dans une perspective historique, Médée, poussée par la jalousie, tue ses enfants. Selon un certain entendement, elle peut, en effet, être considérée comme une démente infanticide. Mais pourquoi, à ce compte-là, ne considère-t-on pas Abraham ou Agamemnon, avant tout, comme des déments infanticides ?...

Dans une perspective culturelle, Médée n'est pas qu'une simple infanticide.

La Médée de la culture est plus intéressante que la Médée de l'histoire.

C'est Euripide qui, le premier, au théâtre, a fait de Médée la meurtrière de ses enfants. Dans les récits antérieurs, les enfants de Médée étaient massacrés par les Corinthiens, ou par les gardes de Créon, ou par... mais pas par Médée. Pourquoi Euripide a-t-il voulu qu'elle tue ses enfants ? Est-ce là la preuve de sa misogynie, car ce geste ne la rend pas sympathique ? Au contraire, a-t-il voulu montrer que les femmes, anéanties par un régime autoritaire, sont parfois poussées à des actes extrêmes et contre nature ? Les infanticides contemporaines, elles ne sont pas rares, sont des femmes qui ont atteint la frontière la plus insupportable du malheur et de l'exploitation... Plusieurs hellénistes ont écrit qu'Euripide s'est servi de Médée l'étrangère pour exprimer indirectement son sentiment sur le pouvoir athénien. On a aussi dit d'Euripide qu'il était l'ancêtre du théâtre psychologique...

Alors, misogyne, psychologue, révolutionnaire, Euripide ?

Plutôt que de se perdre dans ces interrogations auxquelles il n'y aura jamais une réponse d'Euripide lui-même, il vaudrait mieux se demander pourquoi l'histoire a préféré la thèse de l'infanticide à toutes les autres, alors qu'elle est la moins ancienne, la plus éloignée de cette histoire préhistorique.

Pourquoi ce choix ? Aux historiens de répondre et je parie qu'il leur sera aussi difficile de prouver l'infanticide de Médée que de démontrer que Pierre Curie a obtenu deux prix Nobel !...

L'histoire, la culture.
Ces deux-là !

Car, s'il en va de l'histoire comme de la culture, à savoir que toutes deux engloutissent tout, elles ne se ressemblent pourtant pas. L'histoire avale ce que les pouvoirs lui font avaler et elle prend les directions que les pouvoirs lui font prendre. La culture, elle, est nourrie par les individus et elle est libre. Pour l'histoire, le temps est capital, elle progresse chronologiquement. La culture est intemporelle.

L'histoire absorbe des faits, la culture des œuvres. Et quand l'histoire prétend que ceci est une œuvre et que cela n'en est pas une, cela signifie que, momentanément, historiquement, ceci est une œuvre et cela n'en est pas, mais cela ne

veut pas dire qu'il y a effectivement une œuvre ici et pas là.
Question d'interprétation...

Au commencement, j'avais dans l'idée de rendre à la Méditerranée ce qui appartient à la Méditerranée, puis j'ai voulu rendre au public ce qui appartient au public, enfin, j'ai voulu rendre aux femmes ce qui appartient aux femmes. Bien sûr, je n'étais pas consciente de tout cela lorsque j'ai commencé. Petit à petit, je me suis rendu compte de la signification de mon travail et je m'y suis enfoncée avec passion.

L'histoire des femmes m'intéresse parce que je suis une femme, mais elle m'intéresse surtout parce qu'elle est l'histoire du silence et que, parvenus au tournant périlleux que l'atome et le terrorisme font prendre au XXe siècle finissant, il me paraît urgent d'écouter ce silence qui est fait, en réalité, d'une multitude de voix bâillonnées par un pouvoir épuisé.
Je ne crois pas que les femmes aient le goût de posséder une plus grande part de gloire, ni de voir s'aligner leurs noms sur les stèles des anciens combattants (s'il fallait inscrire les noms des femmes mortes en mettant au monde des citoyens, il fau-

drait ériger des monuments hauts comme des gratte-ciel).

Ce que nous voudrions, c'est comprendre et faire comprendre notre condition.

Ce que nous voudrions c'est qu'il n'y ait plus aucun viol.

LA MÉDÉE
D'EURIPIDE

Liste des personnages

La Nourrice
Créon
les Enfants de Médée
Le Précepteur
Jason
Chœur des Femmes
Égée
Médée
Un Messager

La Médée d'Euripide de Marie Cardinal a été créée par le Théâtre du Nouveau Monde (Montréal, Québec) le 18 novembre 1986.

La distribution était la suivante :

MÉDÉE	Sophie Clément
JASON	Robert Gravel
LA NOURRICE	Gisèle Schmidt
CRÉON	Aubert Pallascio
LE PRÉCEPTEUR	Raymond Legault
ÉGÉE	Alain Fournier
LE MESSAGER	Roger Léger
LE CHORYPHÉE	Ginette Morin
LES FEMMES DU CHŒUR	Martine Beaulne
	Danielle Bergeron
	Marie-Andrée Corneille
	Marie Dupont
	Brigitte Portelance
	Christiane Proulx
	Monique Richard
LES ENFANTS DE MÉDÉE	Jérémie Brisset des Nos
	Jonathan Trudel-Perrault

Mise en scène	Jean-Pierre Ronfard
Décor	Danielle Lévesque
Costumes	Ginette Noiseux
Éclairages	Michel Beaulieu
Environnement sonore	Jean Sauvageau et Paul Béland
Accessoires	Richard Lacroix
Coiffures	Donna Gliddon
Régie	Emmanuelle Beaugrand-Champagne
Direction de production	Remi Brousseau
Chef machiniste	John Nagorny
Chef électricien	Ben
Chef sonorisateur	Paul Béland
Chef accessoiriste	Marcel Tremblay

La Nourrice

Ah ! ce bateau, ce maudit bateau : ARGO !!

Tiens, je te maudis, Argo, toi et tes Argonautes !

Pour naviguer jusqu'en Colchide, il a fallu que ce bâtiment de malheur franchisse la passe des Symplégades : un tunnel épouvantable, noir, noir comme la nuit, et qui risquait de leur tomber sur la tête à tout moment !

Non, d'abord il a fallu qu'il y ait le maudit bois du mont Pélion, ces beaux pins maritimes, droits, hauts. Les gaillards qui voulaient rapporter la toison d'or à Pélias n'ont pas hésité, ils ont taillé le navire et les avirons dedans, à grands coups de hache.

Il fallait tout ça : Argo, les longues rames en bois de pin, une bande d'intrépides, l'avidité de Pélias, la Toison d'or, il fallait tout ça pour que Médée, ma maîtresse, embarque un jour à bord de cette galère, la tête pleine de Jason, le cœur plein de Jason, le ventre plein de Jason, folle d'amour !

Folle au point de persuader les filles de Pélias de tuer leur propre père, à Iolcos, la ville même dont il était le roi.

S'il n'y avait pas eu tout ça, elle n'aurait pas eu à fuir, elle ne serait jamais venue s'exiler ici, à Corinthe, avec son mari et ses enfants.

Au début, tout s'est bien passé. Elle a séduit les gens. Avec Jason elle roucoulait. Ils filaient le parfait amour... Quand une femme et son mari s'entendent tout est facile... Nous avions la paix.

Et puis ça a mal tourné, d'un coup. Allez savoir ce qui lui a pris, à Jason, allez comprendre ! Il vient d'épouser la fille de Créon, le seigneur de Corinthe, le roi quoi ! Rien ne pouvait faire plus de mal à Médée, il ne pouvait rien lui arriver de pire !

Elle est outragée !

Jason l'a abandonnée, avec ses enfants !

Je n'ai jamais vu quelqu'un dans un état pareil. Elle hurle, elle gueule, elle se révolte ! Elle rabâche sans arrêt les serments, le mariage, ses mains dans les mains de Jason pour la cérémonie... C'est sacré, elle a raison... On ne touche pas à ces choses-là... Sans compter qu'il lui doit tout, cet homme, c'est grâce à ma maîtresse qu'il est qui il est.

Depuis le jour où elle a su que Jason la quittait, elle ne veut plus manger, elle reste couchée par terre, les yeux fermés, la figure dans la poussière, elle pleure. On peut toujours lui parler, essayer de la raisonner, elle n'écoute personne. Elle est comme un rocher, non! comme une vague, une grande vague de tempête, indifférente. Elle est là, comme ça, c'est tout.

Par moments elle s'apaise, elle lève la tête — elle a un long cou blanc, ma maîtresse, un beau décolleté blanc —, elle lève la tête et elle marmonne, elle se berce, elle parle de son père qu'elle aimait tant, de sa maison, de sa terre... enfin quoi, de tout ce qu'elle a trahi pour suivre Jason. Il a fallu ce drame pour qu'elle découvre ce qu'elle a perdu, volontairement perdu!

Elle ne supporte pas ses enfants, au lieu de la calmer ils l'exaspèrent!

Moi, je crains le pire. Elle est violente et elle s'y connaît en manigances. Il y a des fois où elle me fait peur. Elle est terrible. Elle est capable de n'importe quoi : de se tuer, de tuer Jason et sa bien-aimée...

Moi, si j'étais à la place de ceux qui l'attaquent, je me méfierais. Avec Médée, on ne doit pas crier victoire trop vite...

J'entends les enfants, ils rentrent du gymnase... Ils ne se rendent pas compte de ce que vit leur mère. Les enfants... la souffrance, ils ne savent pas ce que c'est.

Le Précepteur

Eh bien, vieille nourrice, qu'est-ce qui te prend ? Tu parles toute seule maintenant ! Qu'est-ce que tu fais dehors, sur le pas de la porte ? Tu as abandonné Médée ! Et elle le supporte !

La Nourrice

Tu es précepteur, tu instruis les enfants de Jason, tu es savant, alors tu dois savoir que, pour un bon esclave, le malheur de ses maîtres est une calamité. Le malheur de Médée est un malheur pour moi, aussi grand que pour elle. Insupportable, insupportable !
J'avais besoin d'en parler. J'avais besoin que cette douleur sorte de moi. Alors je suis venue raconter mes misères à la terre et au ciel.

Le Précepteur

Elle continue ?

La Nourrice

Elle continue ! Tu ne la connais pas, elle commence, tu veux dire !

LE PRÉCEPTEUR

Elle est folle — enfin, si je peux me permettre de parler ainsi de ma maîtresse. Si elle savait ce qu'on lui réserve !

LA NOURRICE

Il y a du nouveau ? Raconte !

LE PRÉCEPTEUR

Rien. J'ai trop parlé.

LA NOURRICE

Allons, je suis esclave, comme toi. Je ne bavarderai pas, je te le jure !

LE PRÉCEPTEUR

Tout à l'heure, sans avoir l'air de rien, je me suis approché d'un groupe d'hommes qui jouaient aux dés près de la fontaine de Pirène. Des vieux de la ville, tu sais, qui s'assoient en rond et qui bavardent. Je les ai entendus dire que Créon allait la chasser, avec les enfants, qu'il n'en voulait pas à Corinthe... Je ne sais pas si c'est vrai... J'espère que c'est un ragot, pas plus.

LA NOURRICE

C'est un ragot !... Que Jason ne supporte plus la présence de Médée, ça c'est possible, mais il ne laissera pas maltraiter ses enfants.

LE PRÉCEPTEUR

N'oublie pas qu'une nouvelle vie commence pour lui. Maintenant il est le gendre de Créon, et Créon ne nous aime pas.

LA NOURRICE

Le coup de l'exil !... Alors, là, nous sommes perdus ! Déjà qu'elle ne digère pas le départ de son homme...

LE PRÉCEPTEUR

Nourrice, tiens ta langue ! Elle le saura toujours assez tôt !

LA NOURRICE

Les enfants ! Vous entendez ça !
Ah ! il est beau votre père !
Je ne souhaite pas qu'il meure... non, je ne peux pas souhaiter ça, il est mon maître... mais enfin, vous êtes assez grands pour comprendre qu'il est méchant, qu'il vous trahit.

LE PRÉCEPTEUR

Tu es bien naïve, nourrice ! C'est comme ça : les gens font passer leurs intérêts avant ceux du voisin, et Jason ses amours avant ses enfants ! Voilà tout.

LA NOURRICE

Allons... Tout va s'arranger... Entrez, les enfants, entrez dans la maison.

Et toi, tiens-les à l'écart, ne les laisse pas approcher de leur mère. Je l'ai déjà vue les regarder de travers. Elle est capable de leur tomber dessus. Avec elle on ne sait jamais... Je peux t'affirmer qu'elle prépare un mauvais coup, je la connais.

MÉDÉE, *dans la maison*

Ah! je voudrais mourir! Je voudrais mourir!

LA NOURRICE

Vous l'entendez! C'est bien ce que je vous disais! Elle est en fureur. Elle souffre trop. Dépêchez-vous, allez, plus vite que ça, filez dans la maison, évitez-la. Elle est sauvage, elle est intraitable; que voulez-vous, votre mère est comme ça. Allez, rentrez vite, vite!
Mauvais signe quand elle repart à brailler... Voilà un nouvel orage qui éclate. Où va tomber la foudre de sa colère?... Elle est tellement hautaine, tellement difficile à dompter...

MÉDÉE, *dans la maison*

Je souffre! Je souffre à m'arracher la peau, à m'arracher les yeux!
Enfants maudits d'une mère maudite, je voudrais vous voir crever avec votre père! Cette maison, je voudrais la détruire, la détruire!

La Nourrice

Oh ! elle est trop malheureuse, elle ne sait plus ce qu'elle dit ! S'en prendre aux enfants maintenant ! Ils n'y sont pour rien... C'est qu'elle en est capable !

Ah ! les puissants sont terribles : ils n'obéissent pas, ils se pavanent, c'est quasiment impossible de les faire changer d'avis. Il vaut mieux vivre parmi ses semblables que d'être dans la solitude du pouvoir... En tout cas, moi, je me souhaite de vieillir comme une citoyenne moyenne. Pas besoin d'être placée trop haut, ou trop bas. Il n'y a pas mieux que le juste milieu. Le juste milieu, ça veut bien dire ce que ça veut dire, il n'y a vraiment rien de mieux.

A quoi ça rime des excès pareils, voulez-vous me le dire ? Ça rime à rendre la chute plus mauvaise. Plus on tombe de haut et plus ça fait mal, voilà à quoi ça rime.

Le Chœur

Cette voix ! Ces cris ! Rien ne peut donc apaiser Médée ! Ses gémissements sont si forts qu'ils franchissent la porte du gynécée et celle de la salle des hommes pour parvenir jusqu'ici. Les portes ne les arrêtent pas !

Je voudrais l'aider, j'aime cette femme, j'aime cette maison.

La Nourrice

Il n'y a plus de maison ! Il n'y a plus de couple ! Lui, il couche avec la fille de Créon et pendant ce temps ma maîtresse est seule dans son lit. Elle ne le supporte pas. Rien ni personne ne peut la consoler.

Médée, *dans la maison*

Je voudrais qu'une tempête fracasse ma tête, je voudrais que mille éclairs zigzaguent dans ma cervelle et la mettent en bouillie ! Mais pourquoi est-ce que je suis encore en vie ! Ma vie est odieuse !

[annotation manuscrite : elle veut mourir]

Le Chœur

Vous entendez ! Elle vocifère ! Elle est folle ! Folle parce que son mari ne couche plus avec elle, folle parce qu'il couche avec une autre !
N'appelle pas la mort, Médée ! La mort viendra toujours assez tôt, sois-en certaine. Laisse Zeus régler le sort de Jason ! Laisse Zeus te rendre justice ! Ne pleure pas un mari perdu !

Médée, *dans la maison*

Quand je pense à ce que j'ai fait pour cet homme ! Pour lui j'ai trahi mon père, pour lui j'ai trahi les miens ! Pour lui j'ai tué mon frère. Oui, c'est une honte ! Pour Jason, moi, Médée, j'ai tué mon propre frère !

J'en appelle à Artémis qui veille aux

serments ! J'en appelle à la Justice divine ! J'en appelle aux grands dieux parce qu'il n'y a rien de plus grand que les serments qui ont uni Médée et Jason. Il n'y a rien de plus sacré que les promesses qui m'ont liée à ce fils de chienne ! J'en appelle aux forces suprêmes pour qu'elles punissent Jason et sa nouvelle femme ! Je voudrais que le toit de leur palais s'écroule sur leur couple infâme !

La Nourrice

Vous entendez, elle en appelle aux dieux ! Ça, c'est mauvais ! Ça, ça veut dire qu'elle ne se contentera pas d'une simple vengeance. Si elle se met à parler de Justice au lieu de parler d'Amour, c'est qu'elle va remuer le ciel et la terre !

Le Chœur

Elle va tout casser dans cette maison. Sa colère déborde !
Nous voudrions lui parler. Nous voudrions l'apaiser. Je suis certaine que notre amitié lui ferait du bien. Va la chercher, Nourrice, fais-la sortir. Dis-lui que nous l'aimons.

La Nourrice

Je ne demande pas mieux, mais ce ne sera pas facile. Elle ne veut pas qu'on l'approche. Si vous saviez comment elle traite les servantes : on dirait une lionne qui défend ses petits. On dirait qu'elle n'a rien de plus précieux que sa rancœur, elle ne veut pas qu'on y touche !

Ah ! qu'on ne vienne pas me parler de la sagesse des anciens ! Moi je trouve qu'on ferait mieux de parler de leur aveuglement, ils n'y voyaient pas plus loin que le bout de leur nez, ces gens-là ! Ils ont inventé des chants pour les fêtes, pour les banquets, pour les beuveries, il ne leur est même pas venu à l'esprit d'en inventer pour les chagrins. Pourtant, ça ferait du bien d'avoir des chants dans ces occasions-là. Le malheur ruine les familles, pas les réjouissances. Chanter devant une table bien garnie ne sert à rien, la mangeaille suffit au bonheur. Tandis que chanter quand on n'en peut plus de souffrance, ça soulagerait, ça éloignerait la mort...

Le Chœur

Médée a raison de réclamer justice.
Médée a raison.
Elle en a tant fait pour cet homme !
Il faut voir ce que cette femme a fait pour son mari !
Quand on pense qu'elle a eu le courage d'organiser sa fuite vers la Grèce,
  en pleine nuit,
  par les pires chemins de la mer...
Si Jason n'avait pas promis,

s'il n'avait pas prononcé les serments des époux,
Médée n'aurait jamais trouvé ni la force ni le courage de vaincre les obstacles qu'elle a vaincus,
d'affronter les dangers qu'elle a affrontés.
Elle l'a fait parce qu'il avait juré devant les dieux d'être son homme.

Médée

Femmes de Corinthe, je suis venue parce que vous me l'avez demandé et que je vous respecte.

J'ai assez vu de gens, ici ou ailleurs, se conduire comme des paons. J'ai assez vu de prétentieux se contenter d'un regard pour juger leurs semblables, je ne me conduirai pas comme eux.

D'ailleurs, je pense que les étrangers doivent respecter les lois et les coutumes du pays qui les accueille. Or moi, je suis une étrangère ici, et je vous sais gré de l'intérêt que vous me portez.

Mais les mots me manquent pour vous remercier mieux. Je suis brisée. Mon mari m'a quittée, il était tout pour moi. Mon époux est devenu mon pire ennemi. Mes amies, on dirait qu'il n'y a plus rien en moi, je n'ai envie que de mourir.

Le sort des femmes est le plus misérable de tous les sorts.

Quand on y pense !...

D'abord, nous devons avoir une dot. Il faut payer pour avoir un maître, sans même savoir s'il sera bon ou mauvais. S'il est mauvais, tant pis, c'est trop tard, on n'a pas le droit de le mettre à la porte ! On demande aux femmes l'impossible. On nous demande d'être plus fortes que des prophètes ! Une pauvre fille qui ne sait rien, qui n'a pas vécu, qui n'est jamais sortie des jupes de sa mère, qui est vierge par-dessus le marché, il faut que, du jour au lendemain, elle s'adapte à un homme, qu'elle devine ses goûts, ses fantaisies, tout... Si ça marche, si Monseigneur est content, alors c'est le paradis. Sinon... il vaut mieux mourir.

Quand un homme en a assez de la vie de famille, il sort, il cherche dehors ce qu'il ne trouve pas dedans, il se change les idées avec qui il veut, des putains, des hommes, des amis... Nous, non, c'est défendu, ça ne se fait pas. Nous devons nous contenter de lui, qu'il nous plaise ou qu'il ne nous plaise pas, qu'il nous ennuie ou qu'il ne nous ennuie pas. Le mari est le pilier de la maison, le nombril du monde, notre unique raison d'exister... Et puis on raconte que notre vie est bien paisible, pas fatigante, alors que la vie des hommes est dangereuse, dure... Niaiseries ! Moi, j'aimerais mieux faire trois guerres, debout sur mes deux pieds, plutôt que d'accoucher une seule fois!

Vous trouvez peut-être que j'exagère et c'est possible que j'exagère ! Mais, comprenez-moi, vous, vous êtes d'ici, vous êtes chez vous, vous avez vos amies, votre parenté.

Moi je suis seule. Je n'ai que Jason. Jason qui m'outrage, qui retourne notre histoire contre moi. Il dit qu'il m'a arrachée à une terre barbare. C'est vrai, mais cette terre barbare, c'était ma terre, c'était chez moi. Qu'est-ce que vous voulez que je fasse à l'étranger si je ne suis plus avec lui ? Ma vie n'a aucun sens s'il n'est plus avec moi !

La Nourrice a dit que vous vouliez me venir en aide. Eh bien vous le pouvez. Voilà : si je trouve un moyen de me venger, laissez-moi faire, soyez mes complices. Taisez-vous, ne bavardez pas, j'ai besoin de votre silence pour agir.

On dit que les femmes sont peureuses, qu'elles ne connaissent rien aux combats, qu'elles s'évanouissent à la vue d'un poignard. Mais vous, vous êtes des femmes, vous savez bien que nous sommes capables de tout, y compris de saigner à blanc quiconque oserait fourrer ses sales pattes dans notre famille, dans notre vie privée !

LE CORYPHÉE

Tu peux compter sur nous, Médée.

Nous te donnons raison. Jason mérite d'être puni.
　Attention, voilà Créon qui arrive.

CRÉON

Médée !
Médée la sinistre, Médée la déchaînée !
J'ai pris une décision ! La voici : tu quittes le pays, je t'exile ! Prends tes enfants par la main et va-t'en ! Sur-le-champ, tout de suite. Je ne veux plus te voir dans ma ville.
J'exécuterai moi-même mes propres ordres ! Moi-même ! Je ne rentrerai chez moi qu'après t'avoir jetée dehors.

MÉDÉE

C'est fini !
Tu me perds !
Mais pourquoi ?
Pourquoi tu me fais ça ?

Créon

Écoute, Médée, je pourrais te donner mille bonnes raisons et te raconter des histoires... La vérité, c'est que tu me fais peur. J'ai peur que tu fasses du mal à ma fille. Tu as la réputation d'en savoir trop long sur trop de choses, Médée... et, en plus, tu es un peu sorcière.

Le départ de Jason te met hors de toi. Tu n'acceptes pas qu'il ne couche plus avec toi... et puis on raconte des histoires : que tu veux la mort de ton mari, que tu veux la mort de ma fille, que tu veux ma mort... des racontars peut-être, mais je sais de quoi tu es capable et je préfère te voir les talons. Hais-moi tant que tu voudras mais va-t'en. Je ne veux pas prendre de risques.

Médée

Ma réputation !

Ce n'est pas la première fois qu'elle me fait du tort, ma réputation ! Mais je ne suis pas à sa hauteur, Créon ! Si j'avais tant de pouvoirs, je n'en serais pas où j'en suis.

Tout ça, c'est la faute de mon père, il m'a trop instruite. Les enfants trop instruits n'ont pas un sort enviable. D'abord on les prend pour des paresseux parce qu'ils ne travaillent pas avec leurs mains. Ensuite on les prend pour des prétentieux, des bavards. C'est mon sort : il y en a qui sont jaloux de moi et d'autres qui me trouvent scandaleuse... Pourtant je ne sais pas grand-chose. Créon, ne me dis pas que tu as peur de moi, ce n'est pas vrai. Honnêtement, est-ce que tu crois que j'ai assez de pouvoir pour faire du mal à un roi !

Allons, voyons !

Et puis, enfin, Créon, je n'ai aucune raison de t'en vouloir. Tu ne m'as rien fait après tout. Tu as choisi un homme parmi tes sujets pour en faire l'époux de ta fille. Il n'y a rien là d'extraordinaire, tu es le roi, tu peux faire ça. Je ne t'en veux pas. Seulement voilà, l'homme que tu as choisi est mon mari, et je lui en veux, à lui ! Ça oui ! Il n'aurait pas dû accepter ton offre.

Toi, tu as agi en roi et je suppose que ta décision est sage. Je m'incline devant elle : vive les mariés, soyez heureux ! Je n'ai rien d'autre à dire !

Mais laisse-moi vivre ici. Je t'assure que je me tiendrai tranquille. Vous êtes plus forts que moi.

CRÉON

Tu parles raisonnablement, Médée, pourtant je me méfie de toi... on ne sait jamais ce qui peut te passer par la tête. Je te préfère quand tu vocifères, quand tu hurles tes imprécations. Une femme en colère — ou un homme, c'est pareil — est plus facile à surveiller qu'une maligne qui se tait.

Non, je ne reviendrai pas sur ma décision. Tu dois partir le plus vite possible, maintenant, sur-le-champ. Je suis certain que tu nous veux du mal. Je n'ai aucune confiance en toi.

MÉDÉE

Créon, je t'en supplie ! Je te promets !

CRÉON

Ne promets rien. Je ne changerai pas d'avis.

MÉDÉE

Tu vas me jeter dehors comme ça, sans même m'écouter ?

CRÉON

Médée, je tiens plus à ma famille qu'à toi ! C'est simple !

MÉDÉE

Ah ! comme ma terre me manque !

CRÉON

Ma terre, après mes enfants, c'est ce que j'aime le plus.

MÉDÉE

Aimer ! L'amour fait souffrir, c'est tout !

CRÉON

Ça dépend, Médée, pas toujours.

MÉDÉE

Ah! s'il y a une justice, qu'elle confonde Jason!

CRÉON

Tu vois! Tu recommences! Allons, va-t'en, débarrasse-moi la place!

MÉDÉE

Qu'est-ce que tu veux de plus? On ne peut pas être plus malheureuse que moi!

CRÉON

Si tu continues, je te fais, sur-le-champ, expulser par mes gens, de force. Tu l'auras voulu.

MÉDÉE

Non, pas ça, Créon, ne fais pas ça. Écoute-moi.

CRÉON

Décidément, tu me pousses à bout!

MÉDÉE

Non, nous partirons, je te l'assure. Je ne discute pas ton ordre. Non, je ne veux pas parler de ça.

Créon

Il n'y a rien d'autre à dire. Tu n'as qu'à partir. Ne me résiste pas.

Médée

Créon, donne-moi un jour, un seul jour ! Laisse-moi ce peu de temps pour essayer de trouver un refuge. Qui pourrait m'accueillir avec mes enfants, puisque leur père n'est pas capable de s'en occuper. Tu as des enfants, Créon, tu dois me comprendre. Je ne peux pas partir avec mes fils, comme ça, pour nulle part... Ils n'ont rien fait après tout, pourquoi leur infliger une telle punition. Moi, au moins, j'ai ma rancœur pour me tenir compagnie. Mais eux !... Leur vie est saccagée, plus que ça, elle est anéantie. L'exil sera plus terrible pour eux que pour moi.

Créon

Je ne suis pas un tyran, au contraire. Tu le sais bien... Plus d'une fois, je me suis laissé apitoyer... Ça m'a rarement réussi... C'est entendu, d'accord, je te laisse la journée. Mais si, au lever du soleil... tu m'écoutes, j'ai dit au lever du soleil, au moment où la noirceur grisaille, hein, c'est compris... si, à cet instant toi et tes fils vous êtes encore dans mes murs, je te tue !

Je te donne un jour, ce jour, c'est tout... Ça ne te laisse pas assez de temps pour faire le mal.

Le Coryphée

Pauvre Médée !
Jason est sa vie.
Elle ne connaît que lui, ses amis sont les amis de Jason, ce qu'elle possède appartient à Jason.
Où voulez-vous qu'elle aille ?
Qui peut l'accueillir ?
Personne !
Se peut-il que la chance abandonne à ce point un être humain !

Médée

Tu as raison, je n'ai plus rien. Moins que rien.
Mais ma vie n'est pas tout à fait finie. Je t'assure que les quelques heures qu'il me reste à passer ici vont être bien remplies. Je te jure que pendant mon petit sursis les jeunes mariés et celui qui les a unis vont en voir de toutes les couleurs.
Tu crois, par hasard, que j'aurais écouté Créon comme je l'ai fait, tu crois que je lui aurais tendu les mains, que j'aurais touché sa peau de crapaud, si je n'avais pas eu une idée derrière la tête ?
Et lui qui a marché, le gros balourd ! Il a beau se méfier, il ne se doute pas de ce que Médée peut faire en quelques heures. C'est simple, lui, et sa fille, et son gendre, ils vont crever. Lui, et sa fille, et son gendre. Son gendre ! Mon mari !... ils vont crever.
Ce ne sont pas les moyens qui man-

quent. Je pourrais mettre le feu à leur palais et qu'ils grillent là-dedans comme des sauterelles. Je pourrais les poignarder pendant leur nuit d'amour, quand Jason se trémoussera comme un bouc sur sa donzelle. Il y a mille procédés pour atteindre mon but !

Mais c'est risqué, je peux me faire arrêter dans le palais. Ils me mettront à mort. Et surtout, ils se moqueront de moi ! Alors, je vais employer mon raccourci préféré : le poison... avec le poison je ne risque rien... c'est la meilleure solution, la seule solution.

Ils n'y échapperont pas. Je les vois ! Ils sont morts !

Mais, après, où aller ? Chez qui ? Je n'ai plus de famille, plus d'amis. Je n'ai pas de maison, pas de toit pour m'abriter. L'amour m'a dépossédée de tout.

... Si d'ici la nuit je n'ai pas trouvé de refuge, tant pis pour le poison et la ruse, je m'en passerai, et je les massacrerai de ma main. Elle ne sera pas légère, je vous préviens. Je les larderai comme des porcs qu'ils sont, je les saignerai comme des poulets, je les étriperai.

Vous savez toutes quelle vénération j'ai pour la déesse Hécate. Vous savez que j'ai un culte pour elle. Vous vous souvenez : du temps des anciens Hécate était une déesse bienveillante, et puis elle a changé. Non, elle n'a pas changé, on l'a changée, maintenant on la craint, on la dit capable des pires maléfices. Parfois, à la croisée des chemins, on la représente comme une femme monstrueuse, qui a trois têtes. Eh bien moi, je serai comme elle, je me ferai mauvaise et il me faudra trois têtes pour commettre mes trois meurtres. Ces trois-là, ceux que je hais le plus au monde, je vais les abattre. Mon apparition sera effroyable, ils n'auront pas envie de rire. A l'instant même où ils me verront, ils regretteront et leur coucherie lamentable et l'exil qu'ils m'ont réservé. Ils seront terrorisés. Je vais être épouvantable.

A partir de maintenant je serai mon propre champion et, sans arrêt, je m'exhorterai au courage. Vas-y Médée, ne crains rien ! Ta colère est juste. Tu es la petite fille du Soleil, tu ne te laisseras pas maltraiter par des moins que rien ! Pour qui se prennent-ils, eux, cette racaille ! Ah ! le beau mariage : la « rejetonne » de Sisyphe, ce voleur, qui se fait couvrir par un parjure et un traître !

Vas-y Médée, reprends ta place ! Montre-leur ce que c'est que d'être noble et savante ! Et, après tout, puisqu'il paraît que les femmes sont incapables de faire le bien, qu'au moins on nous laisse le privilège de faire le mal mieux que quiconque.

LE CHŒUR

Cataclysme !
Les fleuves remontent vers leurs sources !

Bouleversement !
Les hommes minaudent et se parjurent !
Justice va être faite !
On va rendre aux femmes ce qui leur est dû !
On ne médira plus des femmes !
On ne chantera plus : « Qui se fie aux femmes se fie aux voleurs. »
Si j'avais le don de composer des chansons, je retournerais aux hommes tout ce qu'ils ont chanté contre les femmes.
Le temps, en s'écoulant, nous montre qu'il y en a autant à dire sur eux que sur nous.
Médée abandonnée
      bafouée
      exilée.
Médée sans père
      sans frère
      sans terre
      sans amant.
Pauvre Médée ! Ton règne est fini, une autre femme a pris ta place dans la maison !

JASON

Une fois de plus, Médée, je constate qu'on ne peut pas rendre service aux gens qui ont, comme toi, un caractère de cochon.

Si tu n'avais pas fait tant d'histoires, tu serais restée ici, bien tranquille. Mais non, ce ne serait pas te connaître, il a fallu que tu tiennes tête à plus fort que toi ! Résultat : te voilà à la porte.

Moi, j'ai l'habitude de tes imprécations. Tu peux dire, à qui tu veux, que je suis le dernier des salauds, ça ne me dérange pas. Mais les autres... Créon, sa fille... les insulter comme tu n'arrêtes pas de le faire... ça ne passe pas, ils ne l'admettent pas. Enfin, Médée, ils sont les maîtres ici !...

Estime-toi heureuse d'en être quitte pour l'exil, ça aurait pu être pire.

J'ai tout fait pour les calmer. J'aurais

préféré que tu restes... Mais toi, c'est plus fort que toi, il faut que tu gueules, sans arrêt tu as l'injure et la malédiction aux lèvres. Maintenant c'est trop tard, tu es congédiée, c'est fait... Tu l'auras voulu.

Ceci dit, je ne suis pas un ingrat. Votre sort me préoccupe, je voudrais trouver un arrangement pour que les enfants et toi vous ne soyez pas dans le besoin. S'il y en a un qui sait que l'exil n'est pas facile... Médée, tu m'en veux, mais moi, je ne te ferai jamais de mal, je n'en suis pas capable...

Médée

Pourriture humaine !

Je ne trouve pas d'autres mots, et pourtant ceux-là sont bien au-dessous du dégoût que tu m'inspires...

Pourriture humaine, comment oses-tu apparaître devant moi !

Démolir les gens dans leur dos et aller ensuite leur faire des beaux discours et des sourires, ce n'est pas du courage, c'est de la lâcheté. Pire, c'est de l'impudence !

Dans le fond, tu as bien fait de venir. Je vais pouvoir me soulager. Tu vas en entendre, je te préviens. Et puisque, soi-disant, tu es ici par amitié pour moi, puisque ce que je dis ne te dérange pas, tu vas m'écouter.

Je commence par le commencement.

Non seulement tu me dois la vie, Jason, mais tu me dois aussi d'être Jason, le

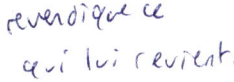

Rapport Médée — *revendique ce qui lui revient.*

fameux Jason. Et si tu l'as oublié, je peux faire témoigner ceux qui étaient avec nous à bord de l'*Argo,* tu vois qui je veux dire ? Les Argonautes ! Je suis certaine que leur mémoire est moins courte que la tienne.

Peut-être que tu ne sais plus comment tu as « conquis » la toison d'or ? Je vais rafraîchir ta mémoire, héros...

D'abord, il y a eu les taureaux au souffle de feu, aux sabots d'airain... Tu te rappelles... Avec ces taureaux indomptables, il fallait que tu laboures un champ. Qui leur a passé le joug ? Toi, peut-être ? Tu en avais tellement peur qu'on aurait pu entendre claquer tes mâchoires à trois lieues... C'est moi qui leur ai passé le joug.

Ensuite, il y a eu le dragon. Tu l'as oublié ce monstre énorme, immense, lové autour de la toison d'or ? Tu dois l'avoir oublié parce que tu n'osais pas le regarder, même de loin. Il ne fermait jamais les yeux, il ne dormait jamais ce maudit serpent ! Je l'ai tué. Moi, Médée, je l'ai tué avec mes poisons.

Sauvé Jason ! Vainqueur ! Tu l'avais la toison d'or !

Je te l'avais offerte, elle était à toi ! Mais en vérité elle était à mon père, puisque c'est sur ses terres que tu es venu la chercher, chez moi. Alors comment as-tu pu t'enfuir avec ton trésor ? Comment as-tu pu échapper à mon père ? Il n'y a pas plus grand magicien que lui, il est le frère de Circé, l'enchanteresse. Comment as-tu réussi cette prouesse ? Tu ne sais plus ? Écoute-moi, voleur ! Tu as pu t'enfuir avec ton trésor parce que j'ai tué mon frère ! Ça te revient ? J'ai tué mon frère et je me suis enfuie avec toi. Je t'aimais assez pour faire ça : tuer mon frère et tout abandonner, mon père, ma famille, ma maison... J'étais assez folle de toi pour tout perdre !

... Je n'ai pas fini.

Est-ce que tu as oublié aussi pourquoi tu la voulais cette toison ? Il te la fallait pour reprendre ton trône, c'était le gage en échange duquel Pélias te rendrait ton trône. Pélias, ton oncle, qui avait pris ta place à la barbe de ton père... Décidément, dans la famille, vous ne vous embarrassez pas de scrupules... Or, Pélias était un traître, comme toi. La toison ne l'intéressait pas, il t'avait envoyé la chercher pour se débarrasser de toi. Il voulait le trône, il y était assis, pas question de le déloger. Je l'ai tué ! Pire, je l'ai fait tuer par ses filles ! Et nous avons dû fuir, jusqu'ici. Voilà !

Donc, tu es Jason, « Jason qui a conquis la toison d'or ». Est-ce que tu serais dans le lit d'une princesse si tu n'étais pas « Jason qui a conquis la toison d'or » ?

— Qui a conquis la toison, veux-tu me le dire ? Toi ou moi ?

Et tu me remercies de ta gloire en allant coucher ailleurs, en m'abandon-

nant, alors qu'à cause de toi je n'ai plus rien !
Si encore je ne t'avais pas donné d'enfants, je pourrais comprendre. Mais tu en as des enfants, je t'en ai fait !
Écoute-moi encore, lâche ! Encore un souvenir que je voudrais raviver : te rappelles-tu les vœux qui nous ont unis devant les dieux, juste avant notre fuite ! Tu te souviens ? Nous savions qu'un Grec n'a pas le droit d'épouser une étrangère. Or, nous voulions être mari et femme partout, où que nous allions. Tu as juré, tu as promis, tu as déclaré solennellement devant les dieux que tu serais mon époux pour toujours.
Est-ce que tu as oublié tout ça, ou bien est-ce que les dieux ont changé ?
Tu le voulais pourtant, ce mariage. Tu m'appelais « Médée aux belles chevilles », tu caressais mes mains, tu embrassais mes genoux. Tu te souviens ! j'aimais tant être dans tes bras, contre toi... ah ! fini tout ça...
C'est bien, n'en parlons plus, parlons d'autre chose : tu te dis mon ami, tu connais ma vie mieux que personne, aide-moi à résoudre un problème. Où puis-je aller aujourd'hui ? Chez mon père que j'ai trahi, dont j'ai tué le fils ? Qu'est-ce que tu en penses ? Ou alors chez les filles de Pélias qui, ensorcelées par moi, ont tué leur père ? Quelle est la meilleure solution à ton avis ? Où serai-je le mieux accueillie ?

Par amour pour Jason j'ai fait le vide autour de moi. Le vide absolu !
En récompense, tu devais faire de Médée la plus heureuse des femmes !

tout sacrifié.

Voilà où elle en est la plus heureuse des femmes ! Trompée, bafouée, foutue à la porte !

Mais comment peut-elle coucher avec toi, ta nouvelle épouse ! Comment peut-on faire l'amour avec un homme dont la femme erre sur les grands chemins de la misère en traînant ses enfants derrière elle ! Mais comment peut-on coucher avec un homme pareil !

Oh ! dieu des dieux ! Pourquoi faut-il que d'un seul coup d'œil on puisse distinguer une fausse pièce d'or d'une vraie et que rien ne dénonce le mortel qui porte en lui la déloyauté et la perversité !

Le Coryphée

Quel courroux,
quel courroux !
La colère la plus dangereuse naît des amours mortes !

Jason

Te voilà soulagée, j'espère. J'ai l'impression, si nous voulons poursuivre cet entretien, qu'il va me falloir beaucoup d'éloquence, sinon je n'ai qu'à plier bagage et chercher au plus vite un endroit où m'abriter de ta langue de vipère.

Médée, tu exagères. Tu arranges l'histoire, tu te prends pour une autre.

Tu m'as rafraîchi la mémoire, je vais à mon tour rafraîchir la tienne. Je ne te parlerai pas des faits, ils sont à peu près tels que tu les as décrits. Je te parlerai du fond, des dieux, des sortilèges, de ce que tu connais le mieux... Je vais te parler d'Aphrodite et de son fils, de son petit valet Éros. L'amour qui, pour moi, t'a fait tuer, renier, trahir ce que tu avais de plus cher au monde, cet amour ne t'appartient pas. C'est Aphrodite qui a commandé à Éros de te percer le cœur. Pourquoi a-t-elle fait ça, nous n'en savons rien, ni toi ni moi. Nous avons été ses jouets. C'est comme ça qu'il faut voir toute l'affaire. C'est comme ça qu'il faut comprendre et ton amour et ma gloire.

Tu sais que j'ai raison, mais tu n'avoueras jamais que tu n'as pas pu, et surtout que tu n'as pas su, éviter les flèches d'Éros.

C'est à Aphrodite que je dois d'avoir conquis la toison d'or, pas à toi.

Ceci dit, tu m'as aidé, je ne le nie pas, je te dois beaucoup.

Mais tu me dois encore plus. Tu sais où tu vivrais si je ne t'avais pas tirée de là ? En pleine Barbarie ! Tu vivrais sur une terre où tout n'est que violence. Alors qu'aujourd'hui tu vis en Grèce, dans un pays où il y a des lois et une justice !

A Corinthe, nul n'ignore tes compétences. Tu es connue, on te respecte. Si tu étais restée là-bas, dans ces confins du monde, dans ton pays qui est celui de l'ombre, qui saurait que tu es la célèbre Médée ? Personne. A quoi sert d'avoir de l'or plein son palais, à quoi sert de chanter mieux qu'Orphée, quand on n'a rien à acheter et qu'il n'y a personne pour vous écouter ?

Voilà tout ce que j'ai à dire sur le passé. Et si j'en parle, c'est que tu m'as forcé à le faire.

Quant à mon nouveau mariage que tu n'arrives pas à avaler, je vais te démontrer qu'il est pourtant la solution la plus sage et la plus profitable pour nous. Tu entends bien : pour nous, pour toi, pour les enfants, pour moi.

Tiens-toi tranquille, je t'en prie, et écoute-moi.

Je viens d'Iolcos, tu le sais. Je ne suis, après tout, qu'un immigré et pas un simple immigré... tu sais les complications que je traîne avec moi... Est-ce que, dans ces conditions, ce n'est pas une aubaine de me voir offrir le lit d'une princesse par son père, par Créon, le seigneur de Corinthe ! Moi, un banni, devenir le gendre du roi ! C'est inespéré !

Tu crois que j'ai accepté cette union parce que j'étais dégoûté de toi. Tu te trompes, ce n'est pas l'amour qui me fait coucher avec cette jeune femme, ce n'est même pas le désir d'avoir des enfants. Je n'ai pas plus besoin que toi d'avoir d'autres enfants, ceux que j'ai me suffisent, je n'ai rien à leur reprocher. Mais je voudrais que nous vivions bien à l'avenir... L'exilé n'a pas d'amis, il ne trouve pas d'associés... En outre, je veux que mes fils reçoivent une éducation digne de mon sang. En donnant à tes fils des frères princiers, je mets tous mes enfants sur le même pied. Tu comprends, je fais de ma descendance un arbre plein de branches, plein de fruits, tous aussi bons les uns que les autres. Est-ce que ce n'est pas bien raisonné ?

Tu en conviendrais si tu n'étais pas aussi obsédée par les coucheries. Vous autres, les femmes, vous estimez que tout va bien tant que vous avez votre homme entre les jambes. Qu'il vous échappe et c'est la guerre !

Ah ! il faudrait vraiment trouver le moyen de faire les enfants autrement... en se passant des femmes... Ça arrangerait tout.

Le Coryphée

Jason, tu t'en es bien tiré. N'empêche que ce que tu as fait à Médée s'appelle une injustice.

Médée

Moi je ne trouve pas qu'il s'en est bien tiré. Les mensonges d'un phraseur sont les pires mensonges. Un beau parleur sait parfaitement déguiser ses méfaits avec tout un tas de mots plaisants. Mais ça ne va pas loin. Tu peux toujours te gargariser de bonnes raisons, Jason, moi je vais fermer ton caquet en te posant une simple question : pourquoi n'as-tu pas demandé mon accord ? Ou, si tu préfères : pourquoi t'es-tu marié sans m'en parler ?

JASON

Merci bien ! Je connais ta jalousie.

MÉDÉE

Menteur ! La vérité c'est que tu te voyais vieillir avec une barbare et que ce n'est pas un sort glorieux pour un prince, même pour un prince déchu. Avoue !

JASON

Pas du tout. Je répète ce que j'ai déjà dit. Je n'ai pas épousé une femme, j'ai épousé une princesse, pour notre bonheur. Je lui ferai des enfants qui deviendront des rois et ils nous protégeront ! Tous !

MÉDÉE

Menteur ! Tu te moques pas mal de mon bonheur ! Est-ce qu'on peut faire le bonheur de quelqu'un en lui crevant le cœur ?

JASON

Médée, ta jalousie t'aveugle ! Essaye d'y voir clair ! Tu ne reconnais même pas ta chance !

MÉDÉE

Ma chance ! Mais tu perds la tête ! Toi, ta chance, c'est un palais. Moi, la mienne, c'est le bannissement ! Toute seule ! C'est ça que tu appelles ma chance ?

JASON

Tu l'as cherché. C'est de ta faute !

MÉDÉE

Est-ce que j'ai épousé une princesse, moi ? Est-ce que je t'ai trahi ?

JASON

Tu as maudit Créon et sa fille !

MÉDÉE

Ta maison aussi je la maudis !

JASON

Puisque tu le prends comme ça, ce n'est plus la peine de continuer. Ça suffit !

En tout cas, si tu as besoin de quoi que ce soit, demande-le. Je ne serai pas mesquin. Je peux même te recommander à des amis qui te recevront bien.

Tu serais folle de ne pas accepter !

MÉDÉE

Tes amis, tes cadeaux ! Plutôt mourir ! Garde tes aumônes ! Un malfaiteur ne peut pas faire le bien !

JASON

J'en prends le ciel à témoin ! Qu'on ne me dise pas que je n'ai pas tout fait pour toi et pour les enfants. Ne viens pas, après, me reprocher ta misère. Tu l'as voulu, Médée. C'est toi qui fais ton malheur.

MÉDÉE

Fous le camp ! Va retrouver ta chérie ! Tu perds ton temps ici ! Va accomplir ton devoir de mari. Va, baise-la, chien, et profites-en bien, car, si les dieux m'entendent, il se pourrait qu'un jour tu maudisses ta fornication.

LE CHŒUR

Amour cœur, amour caresse !
Bonheur.
Amour ventre, amour chair !
Malheur.

Cupidité, débauche ! Aphrodite, garde tes flèches pour d'autres que nous !
Jalousie, convoitise,
Nous ne voulons pas de vous.
Querelles, disputes,
Nous ne voulons pas de vous.
Aphrodite, nous les épouses, nous désirons garder, honnêtement, nos hommes dans nos lits !
Médée, toi qui n'as plus de terre
       toi qui n'as plus de maison
       toi qui n'as plus d'amant
       Nous te plaignons !
Jason, toi qui n'as pas de cœur
       toi qui n'as pas de reconnaissance
       Nous ne t'aimons pas
       Nous souhaitons ta mort.

ÉGÉE

Médée ! Salut ! Bonjour ! Je te souhaite un bon jour !

MÉDÉE

Salut, Égée, fils de Pandion ! A toi aussi je souhaite un bon jour !
Mais que fais-tu dans ces murs ?

ÉGÉE

J'arrive de Delphes, du vieux sanctuaire d'Apollon, je suis allé consulter Phoïbos.

MÉDÉE

Le nombril inspiré du monde ! Rien que ça ! Qu'allais-tu faire là-bas ?

ÉGÉE

Je cherche le moyen d'avoir des enfants.

MÉDÉE

Quoi ! A ton âge, tu n'as pas d'enfants ?

ÉGÉE

Non ! C'est un malheur.

MÉDÉE

Mais, tu as connu des femmes ? Ou bien est-ce que tu es encore puceau ?

ÉGÉE

J'ai connu des femmes, selon les règles, selon les lois.

MÉDÉE

Ah ! bon... Et que t'a dit l'oracle ?

ÉGÉE

Je n'ai rien compris à ce qu'il m'a dit.

MÉDÉE

Te voilà bien avancé ! Je peux connaître sa prédiction ?

ÉGÉE

Toi, tu es savante, tu vas peut-être la comprendre.

MÉDÉE

S'il t'a autorisé à la répéter, je t'écoute.

ÉGÉE

Il m'a dit : Ne sors pas ton pied de la botte...

MÉDÉE

Et tu ne comprends pas ?!

ÉGÉE

Non.

MÉDÉE

Ah ! bon...
Dis-moi, mon cher Égée, et tu dois garder la botte jusqu'à quand ?

ÉGÉE

Jusqu'à ce que je sois rentré chez moi, au foyer de mes ancêtres.

MÉDÉE

Alors, dans ce cas, pourquoi naviguer jusqu'ici ?

ÉGÉE

Je vais voir Pitthée à Trézène.

MÉDÉE

C'est un homme pieux, il a bonne réputation.

ÉGÉE

Je voudrais lui dire ce que m'a dit l'oracle.

MÉDÉE

Il t'aidera peut-être, il a l'habitude de résoudre ce genre d'énigmes.

ÉGÉE

C'est lui qu'il me faut.

MÉDÉE

Eh bien, fais comme tu veux, bonne chance, Égée, et que tes désirs se réalisent.

ÉGÉE

Mais toi, Médée, qu'est-ce que tu as ? Je te trouve triste, abattue, tu as les traits tirés.

MÉDÉE

Jason est une ordure !

ÉGÉE

Qu'est-ce que tu racontes ! Pourquoi dis-tu ça ?

MÉDÉE

Il m'insulte alors que je ne lui ai rien fait.

ÉGÉE

Comment ça il t'insulte ? Explique-moi.

MÉDÉE

Il a mis une autre femme à ma place.

ÉGÉE

Il a osé faire ça ?

MÉDÉE

Oui, il a osé me faire ça. Il a tout renié, tout notre passé.

ÉGÉE

Il est tombé amoureux ou il en avait assez de toi ?

MÉDÉE

Il est amoureux, amoureux au point de trahir les siens.

Égée

Si ce que tu dis est vrai, Jason est le dernier des derniers ! Ne t'occupe plus de lui, il n'en vaut pas la peine.

Médée

Il est tombé amoureux fou d'un palais, d'un trône, d'un roi... et de la fille de ce roi.

Égée

Quelle histoire ! De quel roi parles-tu ?

Médée

De Créon, du roi de Corinthe.

Égée

Pauvre Médée ! Je comprends ton malheur !

Médée

Oui, tout est fini... et pour couronner le tout, moi, je suis bannie.

Égée

Ça, c'est encore pire. Et qui te bannit ?

Médée

Créon, Créon lui-même, il ne veut plus me voir à Corinthe.

ÉGÉE

Mais comment Jason peut-il l'accepter !

MÉDÉE

Il prétend qu'il n'accepte pas, mais, en fait, il ne s'oppose pas.

…
Égée, je suis la femme la plus malheureuse de la terre ! Je ne sais pas où aller !

…
Égée, toi qui es secourable, me laisserais-tu venir à Athènes, chez toi, dans ta maison ? Je t'en prie, aie pitié de moi !
Je te ferai avoir les enfants que tu désires. Prends-moi comme ta chance. Je connais des philtres. Je t'assure que je te donnerai une descendance.
Je t'en supplie, Égée, accepte !

ÉGÉE

Tu me tentes. Je crois, en effet, que tu es capable de me faire avoir des enfants. Que veux-tu, je suis obsédé par les enfants, je suis hanté par l'idée de mourir sans descendance. Je pense que tu pourrais...
Voilà, nous allons mettre au point un arrangement. Dès que tu auras mis un pied sur mon territoire, je te protégerai, ce sera pour moi un devoir suprême.
Je ne peux pas faire plus. C'est-à-dire que je ne peux pas t'emmener avec moi.

Si tu te débrouilles pour parvenir à Athènes par tes propres moyens, je te promets, une fois là-bas, mon entière protection. Personne ne pourra te faire de mal.

Tu comprends, je ne peux pas t'emmener avec moi, je ne peux pas bafouer l'hospitalité de Créon.

Médée

Je te comprends. Ne t'inquiète pas. Pourtant, il me faut une garantie.

Égée

Tu n'as pas confiance en ma parole ?

Médée

J'ai confiance. Mais, Créon n'est pas mon seul ennemi. Il y a aussi la famille de Pélias. Il faut me protéger de ces gens. Ce sont des Grecs et moi, je suis une étrangère, une barbare, une sauvage. Toi aussi tu es un Grec, Égée. Vous appartenez tous à un pays prospère et fort. Vous avez des lois autoritaires et vous les respectez. Imagine qu'un de mes ennemis t'envoie un émissaire et te demande de me livrer à lui... Selon vos lois, non seulement tu peux le faire, mais tu dois le faire... Voilà pourquoi je te demande plus que des paroles amicales. Il me faut un serment. Pour moi, au-dessus de nous tous, Grecs ou pas Grecs, il y a les dieux, qui sont les mêmes pour tout le monde, et s'engager devant eux, c'est ce qu'il y a de plus sacré. Un serment devant les dieux est plus grave que toutes les lois des mortels. Voilà pourquoi je te demande de jurer.

ÉGÉE

Tu es prévoyante, et tu as raison de l'être. Dans le fond, tu as une bonne idée, ce serment me protégera moi aussi... Comme ça, je serai couvert. On ne discute pas de la parole donnée aux dieux !
Par quels dieux veux-tu que je jure, Médée ?

MÉDÉE

Jure par les dieux les plus anciens. Jure par la terre ferme. Jure par le soleil, le père de mon père. Et puis jure par tous les autres dieux, tous !

ÉGÉE

Et je jure quoi ?

MÉDÉE

Tu jures de ne jamais me chasser de ton territoire, de ne jamais me livrer à mes ennemis. Toi vivant, tu ne laisseras personne s'emparer de moi. Jure-le !

ÉGÉE

Je jure par la terre, je jure par l'éblouissante lumière du soleil, et je jure par tous les dieux, que les choses se passeront comme tu l'as dit.

MÉDÉE

C'est bien.
Et si tu ne tiens pas ton serment, quelle sera ta punition ?

ÉGÉE

La pire, celle qui punit les parjures, les sacrilèges.

MÉDÉE

C'est bien.
Pars maintenant, Égée, et sois heureux. Tu peux te réjouir, tu auras des enfants.
Bientôt je serai chez toi !
Il ne me faudra pas longtemps pour régler mes affaires ici.

LE CORYPHÉE

Égée, tu es un homme de bonne race, un homme généreux ! Que le dieu des voyageurs te protège !
Rentre vite chez toi, le cœur plein de joie ! Que tes désirs se réalisent !

Médée

C'est le soleil qui m'a envoyé Égée! C'est le ciel qui l'a voulu! Écoutez tous, le ciel me fait justice! Il m'a envoyé Égée! Égée, le seigneur d'Athènes, le roi d'Athènes! Athènes, où s'élève l'acropole de Pallas Athéna! Mes amies, il nous fallait cet homme, ce trône, ce temple, pour aller au bout de notre vengeance!

Écoute, toi, je viens de partager mon plaisir avec vous, mais, maintenant, je vais te dévoiler mes plans. Je te préviens qu'il ne s'agira plus de plaisir, mes mots seront pesants, tu vas entendre des paroles graves.

Voilà, je vais envoyer quelqu'un dire à Jason que j'ai à lui parler. Il viendra. Moi, je ferai la soumise, la repentante. Je dirai que je m'excuse, que j'ai réfléchi, qu'il a raison, que sa solution est la meilleure. Il me croira.

Alors, en échange de mon départ je lui demanderai de garder les enfants ici. Et pour prouver que je ne les abandonne pas en pays ennemi, pour prouver, au contraire, que c'est la paix que je désire, je les chargerai de remettre à la belle dame qu'il a mise à ma place les plus beaux cadeaux du monde : un voile et un bandeau entièrement tissés d'or, des splendeurs! Je les tiens du soleil. Elle n'y résistera pas, elle voudra les porter tout de suite. Mais ils la brûleront dès qu'elle les aura touchés et quiconque la touchera brûlera aussi. Parce que je les aurai imbibés d'un poison terrible.

Après... Après, ce qu'il me reste à faire... Les mots que je vais dire me labourent la gorge, ils font saigner ma langue, ils m'arrachent les lèvres.

Dieux des dieux, misère de misère ! Après... ce qu'il me reste à faire, je le ferai ! Personne ne m'en empêchera ! Je vais tuer mes enfants ! Tu m'entends, je vais tuer mes enfants ! La vie n'a plus rien de bon pour eux !

Je vais détruire de fond en comble la maison de Jason. Ses enfants, ceux qui sont sortis de mon ventre, je les tuerai aujourd'hui et il n'en aura pas d'autres parce que, aujourd'hui aussi, je vais empoisonner sa jeune femme.

Ensuite, je m'en irai ! C'est mon crime qui me chassera d'ici ! Je ne fuirai pas les sarcasmes de mes ennemis, leurs moqueries ou leur mépris ! Non, c'est la monstruosité de mon crime qui me fera fuir !

Écoutez, mes amies, qu'on ne me traite pas d'impie, de malade, de sorcière ! Non, comprenez-moi ! Le mal, le vrai mal, le plus grand mal, je l'ai commis le jour où j'ai quitté la maison de mon père pour suivre ce Grec. C'est lui, c'est le Grec, que je punis, c'est les enfants du Grec que je tue !

Je suis faite d'excès, de tous les excès. Je ne peux qu'adorer ou haïr. Je suis démesurée, j'appartiens à la gloire !

Le Coryphée

Médée, tu ne peux pas faire ça!
Je veux t'aider mais je ne peux pas te laisser violer les lois de la nature!

Médée

Et pourtant, c'est comme ça! Ils m'ont poussée à bout!
Tu n'as jamais été humiliée et blessée comme je le suis, tu ne peux pas me comprendre.

Le Coryphée

Tu le pourrais! Tu pourrais tuer tes petits?

Médée

Tu n'imagines pas le mal que ça fera à Jason!

Le Coryphée

C'est à toi que tu feras le plus grand mal, à toi!

Médée

N'insiste pas! Plus un mot! C'est inutile!
Nourrice, tu m'as toujours été fidèle, va chercher Jason. Ne lui dis rien.
Nourrice, si tu es une femme, tu ne me trahiras pas.

Le Chœur

Il n'est plus belle cité qu'Athènes !
  plus beau pays que l'Attique !
  plus sages citoyens que les Athéniens !
A Athènes, la blonde Harmonie a mis au monde ses filles, les neuf muses.
A Athènes, dans l'eau de la rivière Céphise, Aphrodite vient puiser les merveilleux parfums des amours sages.
Beauté.
Vertu.
Couronnes de roses.
Médée, si tu commets l'infanticide,
  comment vivras-tu à Athènes, la cité inviolée ?
  La cité de la pureté ?
Médée l'impie
Médée la meurtière
La cité de l'amitié ne t'acceptera pas !
Médée, tu ne peux pas !
  ton bras ne pourra pas
  tes yeux ne pourront pas
  ton cœur ne pourra pas !
Médée, tu ne peux pas répandre le sang de tes fils !

Jason

Tu m'as fait demander, Médée, me voilà. Je suppose que tu vas encore m'abreuver d'injures, mais il ne sera pas dit que je ne t'aurai pas écoutée jusqu'au bout.

Médée

Tu te trompes, Jason, je ne vais pas t'insulter, au contraire, je vais m'excuser. Je voudrais que tu pardonnes ma colère et qu'au nom de notre amour, de notre passé, tu te montres indulgent à mon égard.

J'ai réfléchi, je suis devenue raisonnable.

Je me demande pourquoi je me suis dressée contre des décisions qui sont sages. Je me demande comment j'ai pu être aussi odieuse avec Créon, avec toi...

Tu as raison, ton mariage règle nos problèmes... Je n'ai pensé qu'à moi, à ma peine, à mon orgueil. J'ai agi comme une écervelée. Ma jalousie a pris le dessus. Je n'ai pas pensé aux enfants, je n'ai même pas pensé à un refuge...

Tout à l'heure je me suis emportée, mais, depuis, tes paroles ont fait du chemin dans mon esprit. Tu as raison, Jason, c'est moi qui suis une insensée. Au lieu de me déchaîner comme une folle, j'aurais dû t'aider. J'aurais même dû aider ta jeune épouse à se parer pour les noces. Que veux-tu, je ne suis qu'une femme — je ne veux pas dire du mal des femmes, mais enfin... je n'ai aucune sagesse. Remarque que ce n'était pas une raison pour répondre à mes injures par des injures et à mes enfantillages par des enfantillages...

Je comprends que je t'ai poussé à bout. Je reconnais que j'ai eu tort, en tout. Je veux te le prouver.

Les enfants! Venez! Venez embrasser votre père. Allez, embrassez-vous. Oubliez mes colères, mes injures. Faisons la paix. Donnez-vous la main.

Ah! l'émotion me fait monter les larmes aux yeux. Mes enfants, mes enfants! Je pleure de vous voir, comme ça, dans les bras de Jason. Combien de temps y resterez-vous?

Voyez comme je suis folle, tout à l'heure je hurlais après lui, maintenant je pleure de tendresse...

Le Coryphée

Moi aussi je pleure à chaudes larmes. Ah ! si seulement nos malheurs pouvaient en rester là !

Jason

Médée, je suis comblé. Ce qui est en train de se passer est si heureux que j'en oublie le reste. Après tout, il est naturel qu'une épouse se rebelle quand elle voit son mari prendre une autre femme... Mais te voilà calmée. Tu reconnais maintenant que j'ai raison. J'ai toujours su que tu étais une femme de bon sens... je dois tout de même dire que tu y as mis du temps...

Mes enfants, pendant cette tempête je n'ai fait que penser à vous. J'ai assuré votre avenir. Je vous donnerai des frères et grâce à eux, ici, à Corinthe, vous serez un jour au premier rang.

Ah ! il me tarde de vous voir assez grands pour combattre à mes côtés !

Mais toi, Médée, qu'est-ce qui te prend ? Tu n'arrêtes pas de pleurer, tu abîmes tes beaux yeux, et ta belle peau blanche ! Ce que j'ai dit te déplaît ?

Médée

Je ne pense qu'aux enfants !

JASON

Ne t'inquiète pas pour eux, je m'en charge.

MÉDÉE

Je m'en remets à toi, Jason. Mais, les femmes pleurent, c'est comme ça...

JASON

Que veux-tu qu'il arrive aux enfants ?

MÉDÉE

Je les ai mis au monde... et quand je t'entends parler de leur avenir, ça me fait quelque chose, j'ai comme un pressentiment...
Mais, revenons à notre conversation. Je suis bannie, c'est une affaire entendue et c'est bien. Je préfère être loin. Loin de toi et loin de Corinthe. Jamais je n'arriverai à mettre dans la tête de Créon que je ne suis pas une ennemie. Il vaut donc mieux que je m'en aille. Mais les enfants, eux, ils doivent rester avec toi. Essaie d'en convaincre le roi.

JASON

Ce ne sera pas facile. Mais je peux toujours tenter...

Médée

Par ta femme, Jason. Elle, elle doit savoir toucher son père. Elle peut le convaincre de ne pas chasser tes fils.

Jason

Tu as raison ! Ma femme... oui... bien sûr... ce ne sera pas compliqué.

Médée

N'est-ce pas ! Après tout elle n'est qu'une femme... Pas facile de résister à tes charmes...
Je veux t'aider. Je vais lui faire porter les plus beaux cadeaux du monde. Je n'exagère pas. Je lui offre mon voile et mon diadème d'or ! Les enfants vont les lui donner de ma part.
Allons vite, qu'on apporte le coffret, celui qui contient la parure !
Elle va être la plus heureuse des femmes, Jason ! Toi dans son lit, et, dans son coffre, les bijoux du soleil !
Les voici ! Prenez-les, mes enfants, ce sont des cadeaux somptueux !

Jason

Mais tu es folle ! Pourquoi offrir ces splendeurs ! Le palais est plein de robes, plein d'or ! Elle n'a pas besoin d'en avoir plus. Garde tout ça, c'est trop. Je saurai la convaincre tout seul, crois-moi, pas besoin de cadeaux.

MÉDÉE

Je ne mets pas en doute ton pouvoir ! Mais tu sais que l'or fait chavirer les esprits... même les dieux n'y résistent pas !

Elle est jeune, elle est la fille du roi, elle a tout pour elle. Aujourd'hui, tout lui réussit ! Et moi, pour sauver mes fils, je donnerais plus que mon or, je donnerais ma vie !

Les enfants ! Allez ! Portez ces présents à la nouvelle épouse de votre père ! Demandez-lui de vous sauver de l'exil. Et surtout, surtout, écoutez-moi bien, ne remettez ces présents qu'à elle, à elle-même, ne les confiez à personne d'autre.

Allez ! Et revenez bien vite me dire qu'elle vous garde ici.

LE CHŒUR

Je n'ai plus d'espoir.
C'en est fait de la vie des enfants !
La petite princesse va contempler les plus beaux présents du monde !
Elle va contempler le soleil en personne.
Soleil voile
Soleil diadème
Éblouissant
Insoutenable
Terrible !
A elle !
A elle le soleil !

A elle la parure de noce de Médée !
Elle voudra la porter sur son corps tout frais
sur sa tête toute blonde !
Et, elle la brûlera ! Ce sera sa parure de mort !
Jason aveuglé par le pouvoir,
Jason l'aveugle,
Jason, tu mènes ta jeune femme et tes fils à la mort !
Et toi, Médée,
Tu vas tuer tes enfants pour un homme !
pour le lit d'un traître !

Le Précepteur

Je ramène tes fils, maîtresse ! On leur a fait grâce de l'exil ! La princesse a été émerveillée par tes cadeaux. Elle les a serrés dans ses bras en même temps que les enfants. La paix est faite !

Mais, on dirait que je t'annonce une catastrophe !

Médée

Aïe, aïe, aïe !

Le Précepteur

Comment ça ? Tu ne m'entends pas, maîtresse, je t'annonce que les enfants sont sauvés.

Médée

Aïe, aïe, aïe !

LE PRÉCEPTEUR

Peut-être que je me suis mal exprimé ?

MÉDÉE

Tu as parlé comme tu devais le faire. Il ne s'agit pas de ça.

LE PRÉCEPTEUR

Mais alors, pourquoi pleures-tu ?

MÉDÉE

Je pleure sur mon sort, sur les machinations des dieux et de ma folie !

LE PRÉCEPTEUR

Ne te désespère pas, maîtresse, un jour tes fils te ramèneront ici, à bon port.

MÉDÉE

Avant ça, moi, j'en ferai sombrer d'autres !

LE PRÉCEPTEUR

Tu n'es pas la première femme à être séparée de ses enfants. Tu dois te résigner, maîtresse.

MÉDÉE

Tu as raison, je finirai par me résigner.
Rentre, et prépare tout ce dont ils vont avoir besoin dans leur nouvelle maison. Dépêche-toi !

Ah! mes enfants, mes enfants! Comme vous serez loin! Pour toujours! Sans moi!

Votre mère s'en va! Elle ne vous verra jamais grandir! Elle ne portera jamais les lumières de vos fêtes! Elle ne verra jamais vos noces!

Ah! mes enfants, mes enfants, toutes ces années de nos vies qui ne servent à rien! Gâchées! Gâchée votre naissance, ce déchirement, l'écartèlement de mon ventre, votre premier cri! Et moi qui ai cru que vous m'aideriez à vieillir, que vous me porteriez en terre! Gâchés les espoirs, gâchée la tendresse! Sevrée de vous, je mènerai une vie de peine et de chagrin!

Nous ne nous verrons plus!

Nous ne nous verrons plus! Vous allez émigrer dans une autre existence.

Pourquoi faut-il que vous me regardiez! Pourquoi me souriez-vous!

Femmes, le cœur me manque si je pense que je les vois pour la dernière fois!

Je ne suis pas capable de les tuer. Pourquoi me faire tant de mal. C'est à leur père que j'en veux, pas à eux! Je les aime!

J'abandonne! Oubliés les complots! J'abandonne!

... Abandonner! J'ai honte de ma lâcheté, de ma faiblesse... laisser mes ennemis impunis... ne pas aller au bout de mes projets... Ah! ça non! Jamais!

Allez les enfants, rentrez dans la maison !

Ah ! je suis prise au piège... je n'imaginais pas que la douleur serait si grande... je ne pourrais pas... leur mort me torture... Si je les laisse vivre, ils seront, pour moi, un plaisir vague, je penserai à eux comme à une joie lointaine, ils seront un bonheur quelque part, perdu dans l'univers... Si je les laisse vivre... ailleurs.

Ailleurs ! Ailleurs, là où je ne serai pas ! Livrés à mes ennemis !

Non, on ne les outragera pas, on ne les humiliera pas ! On va les tuer, c'est certain... Déjà la fille de Créon doit flamber ! Oui, ils seront mis à mort ! Je préfère que ma main exécute la besogne. Je leur ferai moins mal !

Cette fois, c'est sûr, je vais les tuer, je ne reviendrai pas sur ma décision.

Enfants ! Venez ! Donnez-moi votre main droite. Je veux vous dire adieu !

Oh ! mes bien-aimés, mes enfants ! J'aime vos visages, vos yeux, vos lèvres... Je veux que vous soyez heureux, mais là-bas, loin d'ici, ici le père a tout gâché... Oh ! vous sentez bon, vous avez la peau douce... Voilà, partez maintenant, vite, retournez à la maison !

Ah ! je ne supporte plus de les voir ! Je vais les tuer, c'est épouvantable ! Mais je suis une femme épouvantable ! La passion m'emporte ! La passion, engeance de malheur !

129

Le Coryphée

On dit que les femmes ont une cervelle d'oiseau, qu'elles ont la pensée courte... et c'est souvent la vérité, j'en conviens... mais pas toujours. Par exemple, moi, j'aime me livrer à la réflexion. Et, en voyant ce que je vois ici, je pense : bienheureux sont les humains qui n'ont pas d'enfants.

Quand on n'a pas d'enfant on ne se pose pas de question sur leur destin, on n'a pas ce genre d'inquiétudes.

Ceux qui n'ont pas d'enfants ne s'imaginent pas le mal que se donnent les parents. Les petits sont en pleine santé, ils sont beaux à regarder... Pendant ce temps, les parents, que pensent-ils ? Est-ce que nous arriverons à les élever ? Est-ce que nous pourrons les nourrir, les vêtir, les instruire, jusqu'à ce qu'ils soient grands ?

Et une fois élevés, seront-ils de bons ou de mauvais enfants ?

Admettons que tout se passe bien, qu'ils deviennent solides et respectueux... qui les protégera, adultes, des accidents, des maladies ?

Voir mourir ses enfants est un destin abominable ! Il n'y a rien de plus horrible que d'avoir à porter en terre ceux que nous avons mis au monde !

Vraiment, je pense qu'il vaut mieux ne pas avoir d'enfants !

Médée

Mes amies, je m'impatiente, mon sort dépend des événements qui se déroulent au palais. Je guette les nouvelles. Il me semble voir arriver en courant un des hommes de Jason. Oh oui, il est à bout de souffle, on dirait qu'il vient nous annoncer une catastrophe.

Le Messager

Médée, fuis, fuis, par n'importe quel moyen ! Prends une barque, un cheval, ce que tu veux mais va-t'en ! Tu as commis un acte effroyable !

Médée

Qu'est-ce que j'ai fait ? Pourquoi m'enfuir ?

Le Messager

Créon et sa fille ! Ils viennent de succomber ! Tu les as empoisonnés !

Médée

Quelle nouvelle magnifique ! Quel plaisir tu me fais ! Je ne t'oublierai jamais, messager. Désormais je te considère comme un ami.

Le Messager

Comment ? Est-ce que tu es sourde ? Est-ce que tu es folle ? Tu te réjouis d'avoir tué !

Médée

Je n'ai pas tué, j'ai fait justice !
Nous avons le temps ! Raconte-moi, est-ce qu'ils ont souffert ?
Ah ! je voudrais qu'ils soient morts dans les pires souffrances !

Le Messager

Voilà comment ça s'est passé.
Tes deux enfants sont arrivés avec leur père dans sa nouvelle maison. Nous, tes anciens esclaves, nous avons été heureux de les revoir, ça voulait dire que Jason et toi, vous aviez fait la paix. Tu sais, nous avions de la peine pour toi, Médée, ton chagrin nous touchait ; alors, la vue de tes fils nous a réjouis. Ils sont beaux, ils sont blonds ! J'étais vraiment heureux.

Nous avons formé une véritable troupe pour les escorter jusqu'à l'appartement des femmes.

Nous arrivons, nous entrons, la nouvelle maîtresse ne voit que Jason, elle le regarde avec amour. Après, elle découvre que les enfants sont avec lui, alors elle détourne la tête, elle met ses mains devant ses yeux, elle ne veut pas les voir là... Jason prend ça en riant, il lui parle comme si elle était une enfant : « Qu'est-ce que c'est que ces manières ? Tu fais la tête à ma famille ! Allons, voyons, tiens-toi convenablement, regarde-moi : tu dois aimer ceux que j'aime, ma petite épouse. Plutôt que de faire la grimace en voyant mes fils, tu devrais, au contraire, demander à Créon de les sauver de l'exil, puisque tu m'aimes... »

Il s'est arrêté de la sermonner parce que elle, pendant qu'il parlait, elle a vu tes présents et, à partir de cet instant, plus rien d'autre n'a compté. Elle a accepté tout ce que Jason lui demandait. C'est entendu, les enfants resteront à Corinthe.

Il sort donc, heureux, avec ses deux fils. Il a à peine tourné les talons qu'elle se précipite sur le voile brodé. Il faut qu'elle le mette tout de suite, elle n'en peut plus de plaisir. Et puis il lui faut le diadème, il faut qu'elle le pose sur sa tête. Il faut qu'on lui donne un miroir, elle se contemple, elle arrange ses boucles. Elle jubile. Elle se lève de son fauteuil, elle va, elle vient, elle fait la belle, la coquette. Elle se dresse sur la pointe de ses petits pieds pour voir l'effet du voile derrière elle, il lui tombe sur les talons. Elle est ravie, elle nous regarde. Elle est magnifique.

Mais, très vite, elle change. Elle devient pâle, elle se courbe en avant, et puis elle part à reculons. Elle se met à trembler des pieds à la tête. Elle ne tient plus debout, elle titube, elle choit sur un siège... Une de ses vieilles servantes pense à un sortilège, un maléfice de Pan ou d'un autre dieu, je ne sais pas, et elle pousse un cri incantatoire, une prière aiguë pour conjurer le mauvais sort... Mais ça n'y fait rien : de la bouche de ma jeune maîtresse coule une écume blanche et ses yeux se révulsent. Alors la vieille change de registre, elle se lamente, elle lance de longs appels de deuil. Une esclave court chercher Créon. Une autre se précipite pour rattraper Jason... Ça couraille dans tous les couloirs du palais. C'est l'affolement général !

Au bout d'un moment, pas long, deux minutes peut-être, enfin je ne sais pas, le temps de faire le tour du stade en courant vite... bref, au bout d'un moment on voit la petite maîtresse qui revient à elle, qui ouvre les yeux, qui se met à parler. Mais alors il se produit quelque chose d'affreux à voir. Sur le front, le bandeau se met à flamboyer, brûlant les cheveux, et sur le corps le voile ronge la peau livide, partout, comme s'il avait des dents, comme un rat ! Elle se dresse : elle flambe, elle est une torche humaine. Elle secoue la tête pour faire tomber le diadème, mais l'or a fondu et s'est soudé au crâne ! Et plus elle secoue la tête et plus elle brûle ! Pour finir elle tombe à terre, morte.

Elle était méconnaissable, on ne pouvait plus rien voir de son joli visage, elle n'avait même plus d'yeux, de sa tête tombaient des gouttes de sang et de feu. Le poison était si violent que sa chair se décomposait à vue d'œil et dégoulinait comme une sorte de résine répugnante. Les os apparaissaient.

Nous, nous étions paralysés par la peur. Et surtout nous ne voulions pas approcher du cadavre.

Là-dessus, arrive Créon qui ne comprend rien aux piaillements des uns et des autres. Il voit sa fille — il fallait être un père pour reconnaître sa fille dans ce tas infect. Il voit qu'elle est morte et il se jette sur elle. Il éclate en sanglots. Il la prend dans ses bras, l'embrasse. Il la berce en parlant : « Qui t'a fait ça, ma fille chérie ? Qui a pu te maudire à ce point ! Ah ! je veux mourir avec toi ! Je suis trop vieux pour supporter ta mort ! » Et il reste comme ça longtemps à se désoler. Quand il veut se redresser, il n'y arrive pas. Le voile s'aggripe à lui, on dirait qu'il est un arbre et que du lierre le dévore, l'étouffe. Il se débat comme un forcené, il essaie de se remettre debout, mais le cadavre, au contraire, le tire vers le sol. A chaque mouvement qu'il fait pour se délivrer de sa fille, des lambeaux de sa chair se détachent de lui. Finalement il abandonne, il est mort.

Le père et la fille sont morts, l'un à côté de l'autre. Tout le monde pleure.

Médée, tu vas être punie !

Les êtres humains ne sont que des

ombres ! Je l'ai compris depuis longtemps. Et ceux qui se prennent pour des sages, qui se croient supérieurs, paient cher leur différence. Le bonheur n'existe pas. Parfois, la chance sourit à l'un plutôt qu'à l'autre, mais personne n'est heureux.

Le Coryphée

Jason a mérité son malheur. Il n'est pas à plaindre. C'est la fille de Créon qui est à plaindre d'avoir aimé cet homme !

Médée

Mes amies, je n'ai plus une minute à perdre ! Maintenant, je tue mes fils ! Si je ne le fais pas, d'autres le feront, les morts du palais crient vengeance !

Je vais poignarder mes biens-aimés ! Je pleurerai ensuite. Je vais tuer ceux que j'aime ! Ah ! je suis maudite !

Le Chœur

Forces de l'univers, voyez cette femme !
Elle va commettre l'irréparable !
Soleil ! Les enfants de Médée sont de ta race,
Épargne-les !
Il n'est pas bon que coule le sang des dieux !
Lumière divine, arrête-la !
Médée ! Ne lâche pas tes chiens contre toi-même !
Ne fais pas couler le sang de ta famille,

Malheureuse !
Si tu répands ce sang,
Tu en seras souillée pour toujours !

Les enfants *crient*

Le Coryphée

Les enfants crient !
Médée, arrête-toi !
Arrête-toi, malheureuse !

Un des enfants

Attention, frère, attention à toi !

L'autre enfant

C'est trop tard, je suis pris, toi, sauve-toi !

Le Coryphée

Il faut entrer, les sauver !

Un enfant

Vite ! Venez vite ! Elle nous tue !

L'autre enfant

Au secours, dépêchez-vous ! Au secours !

Le Coryphée

Voilà !
Ils sont morts !

C'est horrible !
Une seule femme, dans le passé, a osé commettre un crime pareil !

Premier parastate

Ino, la folle !

Le Coryphée

Elle s'est jetée dans la mer avec ses enfants.

Second parastate

Elle s'est précipitée du haut d'une falaise ! Elle les tenait par la main !

Le Coryphée

Le pire vient d'arriver !
Ah ! l'amour nous rend folles !
L'amour est une torture !

JASON

Femmes ! Est-ce que Médée est encore chez elle ? Est-ce que la meurtrière est encore là ? Il vaudrait mieux pour elle qu'elle s'enfonce dans la terre comme un serpent, ou qu'il lui pousse des ailes comme à un vautour ! Si elle croit qu'elle va échapper à la vengeance ! On ne tue pas impunément un roi !

Mais je me moque de ce qui peut lui arriver, ce sera bien fait pour elle ! C'est la vie de mes fils qui m'inquiète, je veux les protéger, je ne voudrais pas qu'on les punisse à la place de leur mère !

LE CORYPHÉE

Jason, tu n'imagines pas ce qui t'attend !

Jason

Quoi ! Elle veut s'en prendre à moi, maintenant ?

Le Coryphée

Elle vient de tuer tes fils !

Jason

Qu'est-ce que tu dis ! Femme, ce n'est pas possible, tu m'achèves !

Le Coryphée

Ne t'inquiète plus pour tes enfants. Ils sont morts, tous les deux !

Jason

Où ? Où les a-t-elle tués ? Dans la maison ? Dehors ?

Le Coryphée

Dans la maison. Tu n'as qu'à entrer, tu les verras.

Jason

Ouvrez ! Ouvrez-moi cette porte ou je l'enfonce ! Je veux voir mes fils ! Et elle, je la battrai à mort !

Médée

Tu peux toujours crier et enfoncer les portes, ça ne servira à rien ! Tu ne me toucheras pas. Tu ne toucheras pas aux cadavres de tes enfants. Tu vois ce char, c'est le soleil qui me l'a offert ! Avec lui, personne ne peut m'atteindre !

Jason

Tu es immonde ! Tu es une créature infecte ! Tu me fais horreur, tu fais horreur au genre humain, tu es un monstre !

Maudit soit le jour où je t'ai sortie de ta terre barbare !

Maudit soit le jour où je t'ai installée dans la famille que tu viens d'exterminer ! Jamais une femme grecque n'aurait commis une telle monstruosité, jamais !

Maudit le jour où je t'ai embarquée sur mon beau bateau !

Maudit le jour où je t'ai préférée à une femme de mon pays. Tu n'es pas une femme, tu es une lionne sanguinaire, tu es une sauvage !

En t'épousant, j'ai épousé la haine et la ruine !

Mais les insultes ne servent à rien. Tu es une abjection, on ne peut pas salir une abjection !

Va-t'en, disparais !

Je n'ai plus rien ! Ma jeune femme est morte ! Mes enfants sont morts !

Médée

Je ne perdrai pas de temps à te répondre. Les dieux savent comment les choses se sont passées. Ils le savent mieux que nous. Inutile de rabâcher nos histoires. Je te rends coup pour coup, Jason.

Tu croyais, peut-être, qu'après m'avoir humiliée et exploitée comme tu l'as fait, tu allais passer le reste de tes jours à te moquer de moi, avec Créon et sa fille pour te tenir compagnie ! Tu me connais mal !

Tu peux m'appeler lionne et sauvage et abjection, et tout ce que tu voudras, aucune importance ! Ce que je t'ai fait n'est rien à côté de ce que tu m'as fait !

JASON

En tout cas, je te connais assez pour voir que tu souffres. Tu t'es punie toi-même !

MÉDÉE

Oui, c'est vrai, je souffre, mais toi, tu ne ris plus !

JASON

Ah ! mes pauvres enfants, quelle mère vous avez eue !

MÉDÉE

Ah ! mes enfants ! quel pauvre lâche vous avez eu pour père !

JASON

Ce n'est pas moi qui les ai tués !

MÉDÉE

Ce n'est pas ta main, tu veux dire ! Mais c'est ton mariage honteux qui les a tués !

JASON

Ne me dis pas qu'ils sont morts pour ça, pour ces noces !

MÉDÉE

Crois-tu que ce n'est rien, « ça », pour une femme !

JASON

Pour une femme chaste, ce n'est pas grand-chose, mais toi, tu es une vicieuse !

MÉDÉE

Tu vois tes enfants, là, morts ! Pour te punir !

JASON

Ils sont vivants... dans ta tête ! Ils vont te torturer !

MÉDÉE

Non, c'est toi qui as commencé ! C'est toi qui as tout provoqué !

JASON

Faux ! Faux ! C'est ta méchanceté !

MÉDÉE

Arrête ! Je ne veux plus te parler !

JASON

Moi non plus, je ne veux plus te parler, je voudrais seulement...

MÉDÉE

Quoi !

JASON

Rends-moi leurs corps ! Je voudrais les enterrer...

MÉDÉE

C'est moi qui les enterrerai ! De mes mains ! Tu entends ! Je les enterrerai au sanctuaire de la déesse Héra, la déesse des serments, la protectrice des femmes mariées. Là, je sais que personne ne viendra profaner leurs tombes. Là ils seront en paix, et respectés ! Là je veillerai à ce qu'on les célèbre, chaque année. J'expierai mon crime jusqu'à ma mort !

En attendant, je vivrai avec Égée, à Athènes.

Toi, je te prédis une fin lamentable,

misérable, celle que tu mérites. Tu t'endormiras à l'ombre de ton navire échoué, et la belle proue de l'*Argo* s'effondrera, elle te fracassera la face pendant ton sommeil !

JASON

Je voudrais que la meute des châtiments te dévore, t'égorge !

MÉDÉE

Qui écoute tes vœux ? Qui peut écouter les vœux de celui qui trahit et se parjure ?

JASON

Ah ! Salope ! Infanticide !

MÉDÉE

Va, rentre chez toi ! Va enterrer ta femme !

JASON

J'y vais. Seul. Tout seul !

MÉDÉE

Garde tes larmes pour plus tard ! Attends ta vieillesse !

JASON

Mes enfants chéris !

MÉDÉE

Chéris de moi, pas de toi !

JASON

Pourtant, tu les as tués !

MÉDÉE

Je fais ton malheur !

JASON

Mes enfants, je voudrais les embrasser, une dernière fois !

MÉDÉE

Il est bien temps ! Toi qui les exilais il y a seulement quelques heures !

JASON

Laisse-moi les embrasser !

MÉDÉE

Jamais !

JASON

Personne ne viendra à mon aide ! Personne ne m'écoutera !
Est-il possible qu'après avoir tué mes fils, ce monstre les emporte sans que je puisse seulement les toucher !
Pourquoi ? Pourquoi faut-il qu'il y ait cette engeance !

Le Coryphée

Ainsi finit cette aventure.

Parfois des événements que nous attendions ne se produisent pas.

Parfois d'autres événements se produisent, que nous n'attendions pas.

L'énigme de nos vies est sacrée : tout ce qui arrive est adorable !

FIN

Entretien avec Hélène Pednault

HÉLÈNE : *Qui t'a proposé de traduire Médée ? Comment as-tu réagi devant un grand texte comme celui-là ?*

MARIE : On ne m'a rien proposé, c'est moi qui ai proposé.
Voilà, ça s'est passé comme ça : l'année dernière, à l'automne 85, Olivier Reichenbach a demandé à Jean-Pierre Ronfard s'il avait envie de monter quelque chose pour le T.N.M., et Jean-Pierre a répondu qu'il monterait volontiers *Médée* mais à condition d'en faire la traduction. Jean-Pierre est un helléniste, il est agrégé de grammaire et depuis qu'il est tout jeune il traduit les grands classiques grecs, il les monte à intervalles plus ou moins réguliers, pour se reposer du Théâtre Expérimental, peut-être... l'année dernière il a traduit et monté *le Cyclope*.

HÉLÈNE : *Il voulait faire la traduction mais, finalement, c'est toi qui l'as faite. Comment ça s'est passé ?*

MARIE : Un jour, il m'a parlé de ce projet et moi, je ne sais vraiment pas pourquoi, j'ai dit, comme une boutade, que j'aimerais écrire le rôle de Médée. J'ai lancé ça sans y penser vraiment, parce que je n'ai jamais travaillé pour le théâtre, et jamais travaillé avec Jean-Pierre Ronfard. Il me connaît bien, il savait qu'en lui faisant cette proposition, sur le moment, j'avais plutôt dans l'idée de faire rebondir la conversation... Alors, il m'a gentiment dit : « Si tu veux, essaie » et nous avons continué à bavarder. Mais je l'ai pris au mot et le soir même j'ai commencé à travailler sur un monologue. Le lendemain je lui ai lu ce que j'avais fait. Il m'a dit : « C'est pas mal, continue » et comme ça pendant plusieurs jours, plusieurs semaines peut-être.

HÉLÈNE : *Olivier Reichenbach savait-il que tu faisais ce travail ?*

MARIE : Pas du tout. Je ne pensais absolument pas qu'un jour ce que j'étais en train de faire serait joué. Je travaillais pour le plaisir, pour la passion. Je ne sais pas ce qui s'est passé. J'ai laissé tomber le roman que j'écrivais. Ça a été l'envoûtement complet ! Il m'est arrivé de rester trois ou quatre jours sans mettre un pied dehors. Je ne sais même pas comment j'ai réuni toute la documentation que j'avais. Je pense que c'est Jean-Pierre qui devait m'apporter ça. Tous les jours je lui lisais ce que j'avais mis au point, il avait l'air content et même, certaines fois, plus que content, ému. Il me donnait envie de continuer. J'avais déjà presque tout débroussaillé quand il m'a annoncé : « J'ai prévenu Olivier que c'est toi qui ferais la traduction. »

HÉLÈNE : *Finalement, ça s'est fait très rapidement.*

MARIE : Très rapidement : six semaines, deux mois au plus.

HÉLÈNE : *Tu as travaillé de façon très intensive...*

MARIE : Ah, tu n'imagines pas ! Je ne faisais plus que ça, je ne voulais plus faire que ça. Je pense que j'ai travaillé dix-huit heures par jour pendant des semaines. Je m'endormais en y pensant, dès que j'ouvrais l'œil je reprenais le texte... C'était un vrai délire !

HÉLÈNE : *Tu saurais expliquer cette passion ?*

MARIE : Oui, je l'explique dans la préface : la Méditerranée, les femmes... et puis l'écriture. Quand je lis un texte, je m'intéresse plus à l'écriture, à la construction littéraire, qu'au sujet lui-même. Je passe ma vie à tourner autour de l'écriture. C'est vrai qu'au début je voulais trouver des mots pour Médée, mais très vite c'est Euripide qui m'a subjuguée. Quel texte ! Quel rythme ! Comme c'est bien fait, bien construit ! Par exemple, la scène avec Égée qui est exactement au milieu de cette tragédie, c'est une véritable scène de comédie. Ce qui se passe avant est très lourd, ce qui va se passer après est encore plus lourd, s'il n'y avait pas l'apparition si drôle et si inattendue d'Égée en plein drame, je pense que la valeur tragique de la pièce serait moins grande.

Sans compter que cette scène m'a posé un problème que je n'ai pas résolu facilement. Elle est entièrement construite sur un jeu de mots intraduisible et sur une référence mythologique incompréhensible pour le public contemporain.

HÉLÈNE : *C'était quoi, ce problème ?*

MARIE : Eh bien, Égée arrive à Corinthe, rencontre Médée, et lui annonce qu'il vient de Delphes où il est allé consulter l'oracle parce qu'il ne peut pas arriver à avoir des enfants. Il répète à Médée l'énigme de l'oracle. Littéralement c'est : « Ne délie pas ton pied qui sort de l'outre ! » ('Ασκοῦ με τὸν πρὸύχοντα μὴ λῦσαι πόδα.) A ce moment, le public athénien éclatait de rire parce qu'il connaissait la légende, il savait que ce pauvre Égée en sortant de Corinthe allait rencontrer Pitthé, que Pitthé allait le faire boire, qu'il profiterait de l'ivresse d'Égée pour le faire coucher avec sa fille et que de cette beuverie naîtrait un enfant... Donc, les spectateurs savaient qu'il allait enfin être père et qu'il était en train de se faire rouler par Médée qui lui proposait elle-même de lui faire avoir une progéniture... Enfin, quoi, c'est un quiproquo classique. Mais tout cela n'est pas indiqué dans le texte d'Euripide, bien sûr, et je ne pouvais pas alourdir cette scène en introduisant des indications pour aider le public à comprendre. Il ne me restait donc que la réplique d'Égée qui n'est pas drôle puisqu'on ne la comprend pas. Ce qui est amusant c'est qu'Égée lui-même, ne comprend pas et qu'il l'avoue, c'est l'innocence d'Égée qui est amusante. Ce n'est pas suffisant. Je suis certaine qu'à ce moment du drame, Euripide voulait du gros rire, pour détendre les spectateurs avant de leur asséner les horreurs qui vont suivre. Faute de pouvoir raconter la légende, j'ai essayé de mettre dans le texte de l'oracle un peu de lubricité, une nuance un peu salace, car dans le mot grec qui veut dire outre (ἀσκός) s'attache non seulement l'idée de liquide mais aussi celle de matrice, de sexe. En québécois, proposer la botte à quelqu'un veut dire proposer à quelqu'un de faire l'amour, alors j'ai décidé que l'oracle dirait : « Ne sors pas ton pied de la botte. » J'ai lu la scène à des Québécois, ils ont ri.

HÉLÈNE : *Et en France, comment pourrais-tu traduire ça ?*

MARIE : En argot de France « prendre son pied » veut dire jouir, je chercherai quelque chose de ce côté-là probablement. J'avoue que pendant que j'essayais de traduire cette réplique je me suis demandé quelle relation il pouvait y avoir entre le pied et le sexe... On le trouve dans le texte grec, dans l'expression française et, en québécois, la botte... Peut-être que je suis aussi « nono » qu'Égée.
   Enfin, tu vois, j'avais de passionnants problèmes de fond avec cette pièce, mais j'avais aussi de passionnants problèmes de forme...

HÉLÈNE : *Mais, en dehors de cette réplique, est-ce que tu aurais fait exactement la même traduction pour la France ?*

MARIE : Exactement la même.
   La seule différence c'est que, probablement, en France, personne ne m'aurait demandé de faire la traduction de la *Médée* d'Euripide.

MARIE : *Pourquoi ?*

MARIE : En France, il n'y a pas, comme au Québec, une communication active entre les différents genres artistiques : littérature, cinéma, théâtre, danse, télévision, radio, etc.

Et puis, en France, il y a énormément de spécialistes, qui sont très spécialisés... Des gens très compétents, qui savent tout d'une manière définitive. Si tu touches à leur domaine, toi qui n'es pas spécialement spécialiste, tu provoques une levée de boucliers, car il ne faut surtout pas toucher aux étiquettes, à la hiérarchie... C'est paralysant. Enfin, moi, ça me paralyse.

Ici, la liberté de s'exprimer est plus grande. Ce qui n'empêche pas la critique de s'exercer, mais elle est moins maniaque.

Alfred de Vigny a traduit plusieurs pièces de Shakespeare dont *Othello* (qu'il a intitulée *le More de Venise*) qui fut jouée en 1829. La critique l'a éreintée et, dix ans plus tard, dans la préface à l'édition de ses traductions, Alfred de Vigny a écrit : « La Routine, mal qui souvent afflige notre pays, la Routine, chose contraire à l'art parce qu'il vit de mouvement, et elle d'immobilité. Il n'y a pas de peuple chez lequel aujourd'hui les coutumes de la littérature et des arts enchaînent et clouent à la même place plus de gens que chez nous »...

Et, pour illustrer ces lignes, il raconte les mésaventures du mot « mouchoir » dans les traductions françaises d'*Othello*. Mésaventures qui ont duré quatre-vingt-dix-huit ans! En 1732, Desdémone au lieu de sortir un mouchoir de sa poche en sort un billet. En 1792 c'est un bandeau de diamant qu'elle sort « qu'elle voulut garder, même au lit, de crainte d'être vue en négligé », ajoute Vigny. En 1820, elle sort bravement le mouchoir mais elle l'appelle « tissu » ou « don ». Il a fallu attendre 1829, la traduction de Vigny pour que Desdémone sorte un mouchoir et l'appelle « mouchoir », « à l'épouvante et évanouissement des faibles, qui jetèrent ce jour-là des cris longs et douloureux, mais à la satisfaction du public qui, en grande majorité, a coutume de nommer un mouchoir : mouchoir ! ».

A le lire, on pourrait croire que le lent accouchement du mouchoir shakespearien est terminé. Eh bien, pas du tout! Car Shakespeare, pour désigner ce maudit chiffon emploie deux mots : *« handkerchief »* qui veut, effectivement, dire mouchoir, mais aussi le mot *« napkin »* qui veut dire serviette de table, et il n'y a pas plus de serviette de table dans l'*Othello* de Shakespeare traduit par Vigny que de beurre en motte. Je n'ai d'ailleurs pas trouvé de serviette de table dans les traductions modernes d'*Othello* que j'ai vues ou lues, mais je ne les connais pas toutes...

Remarque que deux mille et quelques années plus tôt, à en croire ce grand pendard d'Aristophane, les problèmes étaient les mêmes pour les dramaturges, sinon pour les traducteurs : quand on était un grand poète tragique, on ne pouvait pas employer n'importe quel mot. Or, justement, d'après Aristophane, Euripide, lui, prenait des libertés. Le mieux, je crois, est de reproduire une scène des *Grenouilles* :

ESCHYLE
Le poète a le devoir de cacher le mal au lieu de l'étaler et de le donner en spectacle... Nous sommes strictement tenus de parler un langage élevé.

EURIPIDE
Quand donc tu emploies des mots grands comme le Lycabette ou le Mont Parnasse, c'est ce que tu appelles avoir un langage élevé, toi qui devrais parler le langage des hommes ?

ESCHYLE
Mais, malheureux, il est indispensable, pour exprimer de grands jugements et de grandes maximes, d'émettre aussi des mots à leur taille... Tu as dégradé le haut enseignement que j'avais donné.

EURIPIDE
Comment ?

ESCHYLE
Tu as enseigné le radotage et le babillage qui ont fait déserter les salles de gymnasti-

que, user le derrière des jeunes gens bavards, et amené les marins de la Paralienne à répondre à leurs chefs, alors que de mon temps, quand je vivais encore, ils ne savaient que réclamer leur pain et crier « Oh hisse! »...

De quels maux n'est-il pas l'auteur ? N'a-t-il pas mis en scène des pourvoyeuses, des femmes qui accouchent dans les sanctuaires, qui s'unissent à leurs frères et prétendent que la vie n'est pas la vie ?

Il y a tant de codes! Toutes les écritures sont codées, y compris celles qui prétendent ne pas l'être. Mais il me semble que, depuis toujours, l'écriture théâtrale est la plus codée. Il me semble qu'elle est même plus codée que l'écriture poétique. C'est normal, l'écriture dramatique ne dépend pas que d'elle, elle joue avec un lieu, des costumes, des lumières, des voix, la personnalité des comédiennes et des comédiens qui la transmettent... Sans compter que, du temps d'Euripide, il y avait aussi la musique, la danse, le chant, les masques, qui l'accompagnaient. L'auteur dramatique jonglait avec tout ça, c'était son art. Il connaissait toutes ces lois et se les appropriait, son génie c'était de se les approprier d'une façon originale. Aujourd'hui, la majorité des spectateurs n'a pas la moindre idée des lois de la tragédie hellénique classique et ces textes superbes sont perdus pour eux. C'est triste.

Dans le fond, il y avait très longtemps que j'avais envie de faire le travail que j'ai fait sur *Médée* : dépouiller le texte des contraintes formelles qu'il devait s'imposer à l'époque, et ne garder que l'esprit de ce texte, et aussi sa forme dans ce qu'elle a de moderne : le rythme des scènes est irrésistible. Car ces grands auteurs ne sont pas grands à cause de leur habileté à manipuler la métrique, ils le sont parce qu'ils sont des poètes, des philosophes, des historiens, des psychologues, des écrivains, qui ont un talent immense. Le talent n'a pas d'âge... C'était une gageure. Ça m'a énormément excitée.

HÉLÈNE : *Vis-tu ce genre d'excitation quand il s'agit de ton œuvre à toi ?*

MARIE : Non.

HÉLÈNE : *Pourquoi ?*

MARIE : Parce que je ne sais pas exactement ce que sera le livre que j'ai commencé. Je ne sais même pas si ce sera un livre. Quand tu écris un roman, tu es comme une reine dont le royaume serait l'univers entier, tout est possible. C'est une liberté d'autant plus effrayante que tu sais, par expérience, qu'un roman doit avoir une structure très précise, un ton très précis. Tu vis dans cette ambiguïté : d'une part, tu peux tout faire, et d'autre part, tu ne dois pas t'éloigner d'une ligne que tu ne connais pas mais dont tu as l'instinct. Quand j'écris j'ai toujours l'impression d'être en déséquilibre, en danger même. C'est inquiétant.

Avec *Médée* je n'avais pas ce genre de problème. L'œuvre était faite. Moi, il fallait que je la serve le mieux possible.

HÉLÈNE : *Quand tu as su que le résultat de ton travail serait joué — ce que tu ne savais pas pour commencer — est-ce que ça a modifié quelque chose? Voulais-tu faire une* Médée *de Marie Cardinal?*

MARIE : Non, j'ai toujours voulu faire un texte qui resterait le plus près possible d'Euripide. Quand j'ai proposé à Jean-Pierre d'écrire le rôle de Médée je ne pensais absolument pas l'entendre un jour dans la bouche d'une comédienne. Je trouvais dommage que le grand public ne puisse pas profiter de ce texte. Je crois qu'au début j'ai voulu prouver quelque chose à Jean-Pierre, tu comprends, lui il a fait des études de lettres pures, moi des études de philosophie. Nous avons étudié certains auteurs (dont Euripide) de façons très différentes et quarante ans plus tard notre attachement à ces textes est toujours aussi grand, peut-être même plus grand, mais il est toujours teinté de la différence du départ. Lui, il est séduit par la forme grecque, la syntaxe, la métrique, tous les accents de l'écriture dramatique hellénique classique. Moi, ce sont les caractères des personnages qui me passionnent. La gymnastique de la métrique m'ennuie, sans compter qu'aujourd'hui le peu de grec que je savais s'est évanoui !

HÉLÈNE : *Alors, comment as-tu fait ?*

MARIE : J'ai travaillé avec la traduction littérale de l'édition Guillaume Budé et avec le texte grec. Tu m'aurais vue ! J'avais tout oublié ! J'étais comme à l'école primaire : je suivais les lignes du doigt, je déchiffrais le b, a, ba, du texte grec tout en lorgnant la traduction littérale ! Parfois ça accrochait trop, alors je demandais à Jean-Pierre de me détailler grammaticalement le texte grec. Pas souvent, je préférais rester dans mon cocon. Après, quand tout a été complètement fini, nous avons eu quelques séances de travail pendant lesquelles je lisais à haute voix le texte français que j'avais mis au point, et lui lisait en même temps le texte grec. Par moments il m'interrompait : « Là, tu en prends à ton aise » ou « Là, c'est pas assez précis », « Là, c'est moins ceci ou trop cela... ». Et je corrigeais après chaque séance. J'ai toujours eu dans l'esprit de rester collée à Euripide. Je crois que je suis tombée amoureuse folle de cet homme !

Les premiers jours j'ai consulté d'autres traductions et des adaptations, mais je les ai laissées tomber très rapidement. Elles m'éloignaient de mon désir et de l'instinct que j'avais du texte original. Je ne trouve pas d'autre mot que instinct... intuition... communication abstraite... Je n'ai ôté, ni ajouté aucune réplique. Le texte que j'ai mis au point est à la fois très différent de celui d'Euripide puisque j'ai carrément supprimé la métrique, mais il est très proche, extrêmement proche de son esprit. Mon ignorance m'a rendu service. Si j'avais su tout ce que Jean-Pierre sait sur la métrique, je pense que je n'aurais pas pu m'en libérer aussi facilement. Et, à mon avis, elle est intraduisible.

J'en reviens encore à Alfred de Vigny, au texte qui précède ses traductions, il écrit : « ... il n'y a pas au monde une seule bonne traduction pour celui qui sait la langue originale... Toute traduction est faite pour ceux qui n'entendent pas la langue mère... Si le traducteur n'était interprète, il serait inutile. »

Je crois qu'une véritable traduction, c'est une création. C'est une création à l'intérieur d'une autre création. C'est s'imprégner totalement d'un texte et le restituer différemment.

HÉLÈNE : *Tout en restant toute proche...*

MARIE : ... de l'esprit ! Oui. Ne jamais s'éloigner de l'esprit !

HÉLÈNE : *C'est un gros défi.*

MARIE : Oui, mais c'est intéressant et j'aime faire ça. J'ai été « nègre » pendant longtemps et j'ai aimé ce métier.

HÉLÈNE : *Peux-tu nous en parler ? Peu de gens savent que tu as fait ce métier pendant dix-sept ans.*

MARIE : Bien sûr, du moment que je ne cite pas les noms des auteurs avec lesquels j'ai travaillé. D'ailleurs, je n'ai jamais écrit un mot à leur place... Je lisais leur manuscrit dix fois, vingt fois, jusqu'à ce que je le connaisse aussi bien qu'eux, mieux qu'eux-même parfois... L'inconscient travaille beaucoup pendant qu'on écrit. A l'insu de la personne qui écrit sortent des mots, des phrases, et aussi des lapsus, dont l'auteur ne comprend pas immédiatement la portée. Il n'est pas conscient qu'il a écrit ça... Moi, j'y étais, au contraire, très attentive. Ça me servait à deviner exactement le sens du texte ; après, je pouvais efficacement aider l'auteur à le mettre au monde... Je crois que l'écriture est plus grande que la personne qui écrit... Enfin, je lisais donc le manuscrit autant de fois qu'il le fallait pour en être complètement imbibée, puis je discutais avec l'auteur des modifications qui pouvaient être apportées dans la rédaction ou dans la construction, ou dans les deux. Nous tombions d'accord sur des corrections. Ensuite, nous reprenions tout, ensemble, mot par mot, phrase par phrase. J'ai fait pareil avec *Médée*. J'ai lu, relu, rerelu, rererelu jusqu'à ce que chaque détail de chaque réplique soit dans ma tête, jusqu'à ce que j'aie l'impression de comprendre la nécessité de chaque mot...

HÉLÈNE : *Comme si la pièce faisait partie de toi.*

MARIE : C'est ça. Mais, cette fois, l'auteur n'était pas là. Je n'ai jamais eu avec un homme des relations aussi bizarres...

HÉLÈNE : *C'est un travail quasiment physique, comme si le texte te rentre dans le corps.*

MARIE : Oui, mais ce n'est pas douloureux, c'est même agréable. Et c'est encore plus facile à faire avec du théâtre qu'avec un roman ou un essai. Tu retiens le texte plus facilement parce que l'ensemble est divisé en scènes, qui sont divisées en répliques. Même quand il ne s'agit pas d'une pièce classique, il se passe toujours quelque chose au théâtre, il y a une logique en quelque sorte.

HÉLÈNE : *Pourquoi n'as-tu jamais écrit de théâtre ?*

MARIE : Je ne vois pas théâtre, je ne pense pas théâtre. Quand j'ai envie d'écrire, cette envie ne se projette pas dans un espace, dans du temps, dans un lieu, avec des personnages qui entrent et qui sortent... Ce dont j'ai envie est beaucoup plus vague, beaucoup plus général... J'ai envie d'ambiances, de tons, de colorations... Je n'ai pas envie de traduire ça en paroles mais en mots.

HÉLÈNE : *Ce que tu as fait avec* Médée *te donne-t-il le goût d'écrire quelque chose pour le théâtre ?*

MARIE : Pas du tout ! Non, ça m'a donné le goût de traduire tout Euripide !

HÉLÈNE : *Et ça ne te frustre pas d'être en quelque sorte au service de quelqu'un ?*

MARIE : Mais non, voyons... Euripide, tu te rends compte ! J'espère avoir bien fait mon service ! J'aime collaborer. Je suis une bonne collaboratrice.

HÉLÈNE : *C'est drôle d'entendre ça dans la bouche d'une femme qui est connue et reconnue et qui porte une œuvre forte comme la tienne.*

MARIE : Mon œuvre, mon œuvre... On verra quand je serai morte si elle est aussi forte que tu le dis... Et puis, quand on est une femme, même si l'écriture est ce qu'il y a de plus important dans ta vie, ce qui est mon cas, ça n'empêche pas qu'il y a des enfants à élever, une maison à tenir, un travail à assurer au dehors pour gagner ta vie, payer le loyer, acheter des chaussures, et des cartables, et tout le saint-frusquin... Les femmes ont l'habitude de se diviser, ou de se multiplier...

Hélène : *Elles ont de la souplesse.*

Marie : J'avoue que le fait d'être mobilisée ailleurs ne dérange pas mon travail personnel. J'ai pris l'habitude, au fil des années, de rester à l'intérieur de moi tout en étant capable d'agir en dehors, à côté, avec d'autres personnes, sur d'autres textes. Ça ne me dérange pas. Je dirais même que ça m'aide. Surtout les besognes ménagères. Quand je n'arrive pas à trouver un mot ou une phrase, quand je tourne autour du ton d'un paragraphe, enfin, quand j'ai de la difficulté avec ce que je suis en train d'écrire... Eh bien, je me lève et je passe l'aspirateur, ou je prépare une lessive, ou j'épluche des légumes. Pendant ce temps, ça s'arrange dans ma tête... Bien souvent, sans m'en rendre compte, je trouve ce que je cherchais.

Hélène : *Entre toi et moi, c'est une technique bien féminine.*

Marie : Oui, et c'est dommage pour les hommes qui ne la connaissent pas. Souvent ils restent dans leurs blocages, le nez dans l'échec, dans l'impuissance. Tandis que moi, je peux me dire : « Je suis nulle, mais, au moins le ragoût sera bon, ou, la baignoire est bien propre. » Je trouve que le rapport à la matière est enrichissant. A condition bien sûr de ne pas faire que ça. La contrainte ménagère, c'est le bagne.

HÉLÈNE : *Je pense à Médée, une femme, à son époque, avec des enfants...*

MARIE : ... d'après certains récits elle en aurait eu quatorze.

HÉLÈNE : *Alors, où est la vérité ? — Comment mettre le doigt sur la « vraie » Médée à travers toutes les variations du personnage ?*

MARIE : La vérité n'a aucune importance, Médée est un mythe. D'ailleurs, on ne pourra jamais savoir la vérité de Médée, en admettant qu'il y en ait une. Enfin, disons réalité plutôt que vérité. Car toutes les Médée sont vraies. Elles portent toutes la vérité de ceux qui les racontent, c'est ce qui est intéressant dans l'étude des mythes. Chaque interprétation est significative d'une époque, d'une pensée. Ces fables en disent plus long sur l'évolution de l'humanité que la plupart des documents historiques... Mieux vaut laisser Médée continuer à jouer son rôle de fourre-tout, son rôle de réceptacle à fantasmes, plutôt que d'essayer de lui fabriquer une histoire.

Hélène : *Oui, mais il y a quand même des éléments vrais dans son histoire.*

Marie : Vrais, je ne sais pas. Il y a des constantes. Des indications qui reviennent dans tous les récits et qui sont toujours les mêmes : la Colchide ; Jason ; la toison d'or ; la mort de Pélias ; Corinthe ; le meurtre des enfants...

Par son père Aiétès, elle est la petite-fille du soleil. Par sa mère Perséis, elle est la petite-fille de l'eau... Elle naît au bord de la mer Noire, à l'orient du Pont-Euxin, dans un sol où se trouvait et se trouve encore de l'or. L'or... Le soleil... La toison d'or... Quels rêves l'or faisait-il déjà faire aux gens il y a des milliers et des milliers d'années ? De quelles prouesses et de quelles bassesses les humains étaient-ils déjà capables pour garder leur or ou s'octroyer celui du voisin ? En tout cas, Jason, à l'époque où les histoires se racontaient et ne s'écrivaient pas, longtemps avant Homère, est parti conquérir la toison d'or qui appartenait à Aiétès, le père de Médée. C'est comme ça qu'ils se sont rencontrés et c'est par amour pour Jason que Médée a trahi son père et tué son frère... Ah, amour, amour, quand tu nous prends ! Rien n'a changé... Après, il leur est arrivé ce qui arrive aux voleurs, aux meurtriers, et aux amants scandaleux... Ils ont erré, ils se sont cachés, et ils ont eu beaucoup d'enfants.

Ces errances et cette progéniture ont

inspiré bien des poètes avant Euripide. Dans tous ces récits reviennent Corinthe et des enfants assassinés. Des enfants ont été tués à Corinthe, dans la nuit des temps, de façon affreuse et la ville a porté le deuil ou la culpabilité de ce massacre jusqu'à la conquête romaine. Ce sont les Romains qui ont interrompu la coutume selon laquelle les petits Corinthiens avaient le crâne rasé et étaient vêtus de noir !

C'est Euripide qui, le premier, a fait de Médée la meurtrière de ses enfants.

HÉLÈNE : *Ce qui modifie considérablement le personnage...*

MARIE : Je ne sais pas pourquoi il a fait ça. Certains disent que c'est par misogynie. Moi, je ne le crois pas, je crois même le contraire. J'en parle dans l'avant-propos...

HÉLÈNE : *Elle était aussi un peu sorcière.*

MARIE : Elle appartenait à une famille qui en savait long. Son père était magicien, sa tante (ou sa sœur, ça dépend des récits) était Circé l'enchanteresse. C'étaient des gens instruits. Ils avaient probablement une grande connaissance des plantes, de l'astronomie. Elle dit, au début de la pièce, que trop de savoir n'arrange pas la vie... Sorcière, magicienne, enchanteresse ? Ou savante, instruite, initiée ? Là aussi, le choix des mots dépend de ce que l'on veut projeter dans le mythe. Moi, je pense que c'était une femme compétente et probablement experte en astronomie, en botanique...

HÉLÈNE : *Elle en a empoisonné quelques-uns...*

MARIE : ... et elle a coupé son frère en morceaux, et elle a fait bouillir le vieux Pélias, comme un pot-au-feu... Sans oublier qu'elle a empoisonné la fille de Créon et Créon lui-même... Tous les personnages mythologiques font des choses du même genre. Les gens projetaient dans les mythes les pires horreurs qui leur passaient par la tête ! Nous faisons encore ça. James Dean, ou Marilyn, ou Jeanne d'Arc, etc., sont des mythes. Ils n'ont plus de vies, ils ont des histoires. C'est comme ça, les mythes servent d'ostensoirs ou de dépotoirs.

HÉLÈNE : *Les mythes sont toujours des personnages extraordinaires, des rois, des reines, des héros, des vedettes...*

MARIE : Bien sûr, ça permet au commun des mortels de se croire à l'abri des drames qui accablent ces gens...

Dans le texte français, j'ai essayé le plus possible d'éviter les mots roi, princesse, qui évoquent pour nous la France de Louis XIV ou l'Angleterre d'Elisabeth Ire... Alors qu'à l'époque d'Euripide, les royaumes étaient minuscules. Un royaume, c'était une ville et le territoire qui l'entourait. Tout est relatif, la petite taille des territoires n'empêchait pas l'énormité de certains pouvoirs. Mais je trouve que la connotation moderne des mots roi, reine, etc., ne correspond pas à ce qu'étaient ces pouvoirs justement.

HÉLÈNE : *Dans ta traduction il me semble que les dieux sont moins présents qu'ils le sont habituellement dans les tragédies antiques.*

MARIE : Ils ne sont pas moins présents, je dirais qu'ils sont moins « gênants ». Je l'ai voulu. Dans un langage, les références à un dieu ou à des dieux sont fréquentes. Chaque fois que dans un texte français il y a « Mon Dieu », cela n'oblige pas le lecteur à penser à la Sainte-Trinité. C'était pareil pour les Grecs, à part que leurs dieux étaient nombreux et qu'ils n'étaient pas aussi abstraits que notre dieu unique, ils étaient donc plus faciles à placer dans la conversation... Mais le public aujourd'hui ne connaît plus ces dieux, et, comme pour les mots roi ou reine, le mot dieu a une connotation qui n'a rien à voir avec le concept hellénique de divinité. Alors, j'ai essayé de résoudre ce problème de différentes manières.

Premièrement, chaque fois qu'apparaît

le nom d'une déesse ou d'un dieu, j'indique quelle est sa spécialité. Par exemple, Héra, la déesse préférée de Médée, à chaque fois qu'elle l'invoque je fais suivre le nom propre de sa qualité, par exemple : « Héra, déesse des serments », ou « déesse des femmes mariées ». Ce qui n'est pas dans le texte, évidemment, puisque les spectateurs savaient qui était Héra. De même aujourd'hui, si le nom de saint Joseph intervient dans un texte, il est inutile de préciser qu'il était l'époux de la Sainte Vierge... Comme ça le public ne butera pas sur un nom énigmatique, ce nom ne sera pas un obstacle à la compréhension.

Deuxièmement, pour les mêmes raisons, pour que les spectateurs ne soient pas déroutés de l'action, j'ai évacué pas mal d'invocations aux dieux et je les ai remplacées par des expressions du genre « Que les dieux te protègent » ou « Forces de l'univers, écoutez-moi ! ». Il faut que la présence des dieux se sente, mais il ne faut pas qu'elle envahisse l'attention plus qu'elle ne le faisait, probablement, dans le texte original. J'ai voulu éviter les puits de mystères dans lesquels chaque nom inconnu nous fait tomber habituellement.

D'autre part, Médée est une barbare, elle vient d'un pays beaucoup moins sophistiqué que ne l'était la Grèce et surtout Athènes. Elle invoque des dieux archaïques : la terre, le soleil, le ciel, l'eau... Ça, tout le monde le comprend.

Enfin, Euripide, et c'est en cela qu'il est différent des autres grands tragiques, accordait de l'importance aux décisions des personnages, ils étaient moins livrés aux dieux. Les dieux sont omniprésents mais ils sont moins lourds que dans Eschyle ou Sophocle. On les sent moins. Il ne les reniait pas, par exemple, dans sa tragédie *Alceste,* Apollon en personne est un des personnages du drame, mais il est plus là comme un homme que comme un dieu, c'est une sorte de magistrat divin. Dans l'avant-propos, j'ai cité un passage des *Grenouilles* d'Aristophane qui situe bien la position d'Euripide face aux dieux.

Quand le nom de Zeus est cité, en général je le laisse parce que tout le monde sait que Zeus est le roi des dieux. Le seul ennui c'est que le public l'assimile à notre Dieu, alors que Zeus n'avait rien à voir avec le Dieu judéo-chrétien. Notre Dieu unique n'est pas anthropomorphique (sauf quand il se fait représenter par son fils Jésus), il est un concept, une sorte d'idée. Zeus, lui, se comportait comme un être humain. Ce serait intéressant de faire une étude sur la qualité du pouvoir de Zeus. C'est un pouvoir qui s'exerçait toujours pour ou contre, ce n'était pas un pouvoir en soi qui s'impose absolument, comme s'impose le pouvoir du Dieu judéo-chrétien. Zeus était obligé de se livrer à des tas de manigances pour imposer sa volonté ou ses désirs. Il se démenait comme un beau diable à cause de ses épouses, de ses filles, de ses maîtresses. Il était obligé de se transformer en taureau, ou en cygne, ou en pluie d'or... il avait bien du mal à régner ! Nous sommes loin de notre Dieu.

Le paradis des Grecs était vague. Pour eux, ce qui comptait c'était de réussir sa vie le mieux possible, de trouver son bonheur de son vivant. Ce n'était pas si simple que ça. D'abord parce que la vie n'a jamais été simple et ensuite parce qu'il fallait tenir compte des dieux de l'Olympe. Et il y en avait beaucoup ! Un citoyen grec pouvait choisir de vénérer particulièrement telle ou telle divinité, mais il devait respecter les autres, c'est-à-dire faire un petit sacrifice, déposer une offrande les jours de leur fête. Par exemple, quelqu'un qui vénérait Apollon, le dieu des règles, de la rigueur, se devait de faire quelque chose pour Bakkhos, qui était le contraire d'Apollon, le jour où Bakkhos était fêté. C'était intelligent, car chaque dieu correspondait à une facette, une tendance, une qualité, une aptitude de l'esprit humain. Donc, la connaissance et le respect des dieux impliquaient une certaine tolérance, une reconnaissance des différences.

HÉLÈNE : *Est-ce que les déesses étaient aussi importantes que les dieux ?*

MARIE : Au Ve siècle, elles étaient en train de perdre leur importance. Aphrodite avait été toute-puissante. Elle s'est fait déboulonner par Apollon. Très rapidement, en un petit siècle, elle allait être mise complètement au rancart. La vague misogyne a commencé à déferler à la fin du deuxième millénaire. A l'époque où Euripide a écrit *Médée*, les femmes s'y étaient déjà noyées. Il faut lire le livre d'Elisabeth Badinter *L'un est l'autre* sur ce sujet. L'histoire de la prise du pouvoir par la virilité y est parfaitement bien exposée.

HÉLÈNE : *J'aimerais que tu me parles encore de la traduction. Au fait, tu dirais traduction ou adaptation ?*

MARIE : Ni l'un ni l'autre, c'est pour cela que le texte de la pièce s'intitule *la Médée d'Euripide* et pas *Médée* tout court. J'explique dans la préface pourquoi ce n'est pas une traduction (il n'y a plus de métrique). Ce n'est pas non plus une adaptation car mon texte suit pas à pas le texte d'Euripide. Pas à pas, mais pas mot à mot...
  Une traduction est une œuvre...
  Je suis moi-même traduite en dix-huit langues. Évidemment, je ne peux juger des traductions de mes textes que lorsqu'elles sont faites dans des langues que je connais. J'ai eu entre les mains plusieurs traductions en anglais (c'est une

langue que je pratique et que j'ai étudiée), certaines étaient littérales, absolument fidèles aux mots, mais il ne passait rien de mon désir, je trouvais ça épouvantable, j'avais honte... Je préfère, bien sûr, celles qui s'éloignent de mes mots mais ont l'instinct de mon désir, celles-là sont proches de moi. C'est ce que j'ai essayé de faire avec *la Médée d'Euripide.*

Une traduction est une création. Cela doit nécessairement être une création puisque chaque langue possède une vie qui lui est propre et que la traduction consiste à faire passer une œuvre d'une vie à une autre vie. Les « spécialistes » sont toujours en désaccord avec les traducteurs. Aux États-Unis, à l'université de Chicago, j'ai assisté à une scène invraisemblable. Des « spécialistes » de mon « œuvre » ont attaqué ma traductrice (qui a traduit magnifiquement mes textes), je la défendais mais ils n'étaient pas d'accord avec moi...

En travaillant sur Médée, j'ai touché du doigt, si je peux dire, le fond de l'esprit français, le cœur de la mentalité française. On le trouve dans les dictionnaires mieux que dans les analyses psychosociologiques les plus poussées. Les définitions sont scientifiques, claires, et indiscutables, une table c'est une table, ce n'est pas un guéridon ou une console, la liberté c'est la liberté, ce n'est pas l'autonomie ou l'indépendance. En principe, un dictionnaire est objectif, surtout quand il s'agit de dictionnaires largement diffusés dans le public et dont la fonction est de donner à ce public une connaissance précise de la langue qu'il emploie. Un dictionnaire est un outil très perfectionné auquel on peut se fier. Or, dans le *Bailly*, le dictionnaire grec-français traditionnel, celui avec lequel les étudiants travaillent, à *tokos*, qui veut dire enfantement (cette racine subsiste dans le vocabulaire médical français : eutocie veut dire accouchement normal, dystocie veut dire accouchement anormal, tocologie est un autre mot pour obstétrique), à *tokos*, donc, on ne trouve pas le mot accouchement, on trouve « action d'enfanter ou de mettre bas (pour les animaux) », on trouve aussi « action de donner naissance », « donner le jour », « mettre au monde », etc. Il y a une censure sur le mot accoucher (qui est lui-même un euphémisme, mais passons...) Pourquoi ? Je crois qu'accoucher n'est pas une action très « féminine » ni très « maternelle », c'est une action d'une extrême violence par laquelle se fait l'expulsion du fœtus, une action de rejet (rejeton...) et de délivrance (le placenta s'appelle aussi le délivre), tout cela est incompatible avec le bonheur d'une-jolie-maman-qui-donne-le-jour-à-son-mignon-bébé... Quand Médée dit : « Je préfère faire la guerre que d'accoucher », ce n'est pas pareil que de l'entendre dire : « Je préfère faire la guerre que de mettre un enfant au monde... » Tu vois la différence, elle est colossale.

J'ai rencontré en Italie, à Bari, un professeur spécialisé dans l'étude des dictionnaires français (il y a des maniaques partout, même en Italie. J'avoue que la manie de celui-là était d'autant plus surprenante qu'il était jeune et charmant. J'ai fait du bateau avec lui!). Ce qu'il m'a raconté n'a fait que confirmer ce que je savais ou soupçonnais déjà et si j'ai été si passionnée et si bouleversée c'est qu'il employait un jargon et une méthodologie tout à fait académiques pour soutenir sa thèse qui est la suivante : une censure sexiste et bien-pensante s'est exercée sur la langue française au cours du XIXe siècle et n'a pas cessé depuis de s'exercer sur elle. Concernant certains sujets qui touchent la matière et le corps (surtout le corps de la femme), la langue française est en régression, elle s'est appauvrie, elle a carrément supprimé certains mots, et elle a enlevé des termes imagés pour les remplacer par des termes techniques. A écouter parler cet homme je prenais conscience de l'envahissement de cette censure, je me rendais compte qu'elle atteignait le concept même de la vie. J'en avais le vertige et pas parce que nous étions sur un voilier en pleine Méditerranée !

Quand je me suis trouvée dans la traduction de *Médée,* tout cela est devenu flagrant, parce que Euripide était un homme subversif, il voulait dire les faits tels qu'ils étaient et pas comme il était convenable qu'ils soient. Ses contemporains ne le considéraient pas comme un auteur conventionnel. Ils lui ont même rarement accordé leurs suffrages parce qu'ils ne le trouvaient pas assez conventionnel dans sa réflexion.

Le danger, pour moi, c'était donc de vouloir libérer cet homme — qui était un véritable démocrate — d'une certaine forme, pour le faire tomber dans le formalisme moderne du théâtre et de la culture classiques. J'ai décidé de ne pas « mâcher » mes mots... Ça ne m'a pas posé de problème.

Le seul problème — mais il était grand — c'est que je suis une femme et que *Médée* a été écrite par un homme. J'y pensais tout le temps. Particulièrement dans les nombreux passages, que je trouve « féministes », où Euripide parle de la condition des femmes. Là, pendant que je composais le texte français, je pensais : on va dire : « La Cardinal est en train de tirer la couverture à elle ! » Alors je me vissais littéralement au texte grec. C'est sûrement dans ces passages que j'ai pris le moins de liberté. Je n'ai rien inventé, tout est dans Euripide.

HÉLÈNE : *Pourtant, ce n'était pas une époque bien douce pour les femmes.*

Marie : Je le sais et, en plus, les historiens et les hellénistes font d'Euripide un misogyne.

Hélène : *Pourquoi ?*

Marie : Je ne sais pas, je ne comprends pas. Probablement parce que Aristophane le disait. Mais Aristophane racontait des tas d'histoires pour faire rire les gens, et il le faisait avec un talent irrésistible !

Ces grands auteurs sont eux-mêmes devenus des mythes. Par exemple, on raconte qu'Euripide est mort dévoré par des chiens, par la meute du seigneur Archélaos. Des étrangers étaient venus s'installer sur le territoire de ce seigneur et s'étaient fait cuire un des chiens. Ça méritait une sévère punition, peut-être l'expulsion. Alors ces nomades sont venus demander à Euripide de plaider pour eux car Archélaos écoutait et respectait Euripide. Il a obtenu gain de cause. Mais les chiens eux-mêmes se sont vengés et l'ont dévoré... Il y a plusieurs versions de cette histoire. Pourtant Aristophane n'en parle pas dans *les Grenouilles,* alors que c'était exactement le genre d'anecdote dont il aurait pu se servir dans cette pièce qu'il a fait jouer un an après la mort d'Euripide et où Euripide lui-même est un des principaux personnages... Cela n'empêche pas certains spécialistes de prétendre que l'expression « garder un chien de sa chienne » vient directement du souvenir de la mort atroce d'Euripide... Allez savoir.

Hélène : *Aristophane disait d'Euripide qu'il était misogyne ?*

Marie : Il disait qu'Euripide ne pouvait pas souffrir les femmes parce qu'il avait eu deux épouses et que les deux l'avaient fait cocu. Il disait même qu'Euripide faisait écrire ses pièces par le jeune amant de sa deuxième femme... Aristophane ne reculait devant rien pour faire rire son public. Il était méchant comme la peste et extrêmement drôle. On a les preuves de ses mensonges, ou de ses exagérations, concernant certains autres personnages qu'il avait pris pour cibles. Mais pour ce qui est d'Euripide, on a peu de documents, il se montrait peu en public, il n'avait pas de rôle politique précis dans la cité, sinon d'être un dramaturge. Sur de nombreux points on n'a pas d'autres informations que celles données par Aristophane...

Comme il n'y a pas de fumée sans feu, on peut croire qu'Euripide a eu des problèmes avec ses épouses. De là à en faire un misogyne !... C'est une étiquette qu'Aristophane lui a collée sur le dos il y a plus de deux mille ans et qui lui reste. Les textes modernes qui traitent d'Euripide ne manquent pas, et on y trouve toujours le couplet sur sa misogynie.

A la fin, ça m'agaçait, parce que, moi, je ne voyais pas cette misogynie, au contraire.

Alors, j'ai repris Aristophane, surtout *les Thesmophories* (411 avant J.-C.) et *les Grenouilles* (405 avant J.-C., un an après la mort d'Euripide), que j'ai lues, relues, en détail, puisque dans ces deux pièces Aristophane met Euripide lui-même en scène, le fait parler. Je n'y ai trouvé que des arguments supplémentaires pour soutenir mes convictions, à savoir qu'Euripide est un des êtres humains qui a le mieux plaidé la cause des femmes. Dans *les Thesmophories* les femmes lui reprochent de dévoiler toutes les petites manigances qui leur permettent de rouler les hommes. Elles se comportent exactement comme les femmes qui, aujourd'hui, refusent le féminisme et revendiquent au contraire de continuer à vivre comme « la femme éternelle » au nom de « l'éternel féminin ». Les femmes des *Thesmophories* accusent Euripide de vouloir les libérer alors qu'elles ne lui ont rien demandé.

A la vérité, Aristophane et Euripide s'attachent au même sujet : la cité, Athènes. L'œuvre de ces grands auteurs est d'abord une œuvre politique. Or ils se trouvent dans des situations diamétralement opposées. On pourrait dire aujourd'hui qu'Aristophane est un conservateur et Euripide un progressiste. Aristophane reprochait à Euripide de causer la dégradation du tissu social de la ville d'Athènes en donnant — à l'intérieur de ses tragédies — la parole à des esclaves, à des femmes, à des métèques. Ces gens-là, selon la tradition, ne devaient pas jouer un rôle important dans le genre tragique, qui était le genre noble par excellence. Il y a de nombreux passages dans les comédies d'Aristophane où Euripide est accusé d'avoir donné une vraie parole aux femmes. On ne peut pas les citer, il y en a trop, ils fourmillent ! A croire que les commentateurs, analystes, et autres critiques n'ont lu ni Euripide ni Aristophane. C'est invraisemblable, ce sont des gens sérieux, très sérieux. Non, je crois plutôt que ces gens-là pensent qu'on parle bien des femmes quand on leur donne des rôles gentils, des rôles de femmes douces, fidèles, effacées, et qu'au contraire on se montre misogyne quand on en fait des meurtrières, des violentes, des infanticides...

Pendant que je travaillais je pensais aussi que les tragédies d'Euripide étaient jouées par des hommes et que, de ce fait, les textes ne devaient pas être entendus comme s'ils avaient été dits par des femmes. (Puisque à cette époque les femmes ne jouaient pas, ce nétait pas un métier de femme.) Peut-être même que, dans ces conditions, les rôles de femmes devenaient ridicules. Et puis, dernièrement, plusieurs personnes m'ont parlé d'un spectacle monté par des Japonais : *Médée,* d'Euripide, jouée uniquement par des hommes. (Selon la tradition théâtrale nipponne, le kabuki n'est interprété que par des hommes.) Il paraît qu'après quelques secondes on oubliait que Médée et les Corinthiennes étaient des hommes et il paraît que c'était magnifique, bouleversant... Je suppose que ce devait être comme ça du temps d'Euripide, je l'espère.

HÉLÈNE : *Comment pourrait-on prendre* Médée *pour une pièce misogyne !*

MARIE : Les gens entendent ce qu'ils veulent entendre et comprennent ce qu'ils veulent comprendre. La tradition misogyne occidentale ne date pas d'hier, elle a trois mille ans ! Nous n'allons pas la faire changer en quelques années, et encore moins en quelques représentations de *la Médée d'Euripide*. Ce n'est qu'une goutte d'eau. Mais, enfin, s'il y a beaucoup de gouttes de cette eau, ça finira par faire tourner le moulin, pour le bien de tout le monde, pas seulement pour le bien des femmes.

TABLE

Avant-propos, p. 9
La Médée d'Euripide, p. 63
*Entretien
avec Hélène Pednault*, p. 149

Achevé d'imprimer en août 2014
sur les presses numériques de

umen l digital,
à Montréal, Québec